D. PEDRO BARRANTES ALDANA

MANUEL CÁMARA MORAL

EL ENIGMA DE PEDRO BARRANTES

FONTE
GRUPO EDITORIAL

© 2025 Manuel Cámara Moral
© 2025 Grupo Editorial Fonte
   P. del Empecinado, 1; Apdo. 19 - 09080 - Burgos
   Tfno.: 947 25 60 61

   www.montecarmelo.com
   www.grupoeditorialfonte.com
   editorial@grupoeditorialfonte.com

ISBN: 978-84-10023-85-7
Depósito Legal: BU-46-2025

Impresión y encuadernación
Grupo Editorial Fonte - Burgos
Impreso en España. Printed in Spain

ÍNDICE

PRÓLOGO

Con un «aquí te pillo, aquí te mato», comienzo este prólogo. El bueno de Manuel Cámara Moral me ha embarcado en esta tarea de prorrogar su libro: *El enigma de Pedro Barrantes*. Y en esas estamos. Para un burgalés, nacido en la calle La Puebla y bautizado en la parroquia de San Lesmes, es un honor hacer este trabajo. Desde que era un ser pueril e imberbe me ha fascinado todo lo que tenga que ver con Burgos. Ya de niño sabía que existía un lugar, un hospital o residencia, que llevaba el sonoro nombre de Barrantes. Ahora, siendo ya un adulto con canas y con más kilos de la cuenta, he leído con sumo gusto e interés esta breve biografía que nos muestra la bella y cristiana figura de D. Pedro Barrantes Aldana.

En estas páginas podemos descubrir todo lo que hizo este sacerdote, canónigo para más señas, de la Catedral de Burgos. Nacido en Alcántara (Cáceres), en fecha incierta, y muerto y enterrado en la Catedral de Burgos donde sirvió como Beneficiado. Y eso es lo que hizo Barrantes, servir toda su vida a la Iglesia, y más en concreto a la de la Archidiócesis de Burgos (1613-1658). Fue «Visitador de enfermos» por mandato del Cabildo catedralicio. También prestó servicios en el Hospital Emperador. Colaboró en la construcción del

Seminario de Burgos del que llegó a ser rector. Fundó el colegio de Mozos de Coro... Pero sobre todo fue el fundador y máximo sostenedor del Hospital de San Julián y San Quirce... que es el nombre primitivo del que el vulgo puso el nombre de Barrantes. Estamos, en definitiva, ante un sacerdote que ayudó siempre y en todo momento a los más desfavorecidos de la sociedad burgalesa.

Termino. Este breve opúsculo lleva por título una palabra misteriosa: *enigma*. No puedo desvelar más. Estoy seguro que, muchos, cuando terminen de leer esta obra, pensarán igual que el profesor Cámara Moral y se preguntarán cuál es el lugar que debe tener D. Pedro Barrantes en nuestra Iglesia y en nuestra sociedad burgalesa. Lean estás páginas y adéntrense en el «enigma Barrantes».

ÓSCAR I. APARICIO AHEDO, OCD.
Director del Grupo Editorial Fonte

INTRODUCCIÓN

Cualquier ocasión o disculpa podía haber sido buena para tratar sobre la figura de este gran olvidado, pero la celebración de los ochocientos años de la colocación de la primera piedra de la Catedral de Burgos, me pareció una buena excusa para iniciar este trabajo y para dar a conocer a este sacerdote, lleno de virtud, que murió en fama de santidad, enterrado en este templo y que siglos después de su fallecimiento, quiso quizás la Providencia darnos pruebas de la misma. Pero no sé si por la ignorancia, la incredulidad, las prisas, la falta de conocimiento de su figura... esa muestra de santidad pasó sin pena ni gloria, como tantas que la Divinidad cada día nos brinda de su amor por nosotros. Y sobre la figura de Pedro Barrantes se volvió a aposentar la negrura del olvido.

Quieren estas páginas ser un recordatorio de su personalidad a través de dos libros que en su día se ocuparon de él, por si sirven al menos para acercarnos al conocimiento de sus virtudes y practicarlas; quieren también renovar una devoción pérdida de un buen intermediario para Burgos, y quieren, además, poder estimular los estudios sobre esta personalidad y darle la dimensión histórica y espiritual que se merece.

Yo descarto cualquier mérito personal en esa tarea, ya que tan solo voy a ser un eslabón de una cadena de conocimiento y, en todo caso, un actualizador a un lenguaje más moderno de los pocos datos que se conocen de su biografía, propia de almas humildes y que quieren pasar desapercibidas. Bien es cierto que albergo una debilísima esperanza. Me gustaría que mis palabras sirvieran de revulsivo para que se produjera una situación, macabra para algunos, especialmente para los que no conocen esta historia, como es la de volver a abrir su sepulcro y quizás darle una posición de privilegio en la centenaria Catedral. Buen broche para continuar con las celebraciones del centenario catedralicio que deberían ser renovadas año a año. Aunque mucho me temo que los problemas burocráticos y las comodidades personales impedirán tocar ni un granito de piedra del monumento, ni siquiera para exhumar el cadáver de un santo.

Para los sorprendidos por el párrafo anterior solo decirles que el misterio que trato de esconder ahora, se desvelará al final de esta historia. Voy pues a iniciarla por el principio.

1. SU FIGURA A TRAVÉS DEL ESTUDIO DE D. NARCISO CORREAL

El verdadero esfuerzo por conocer la figura de D. Pedro Barrantes lo hizo el abogado gallego D. Narciso Correal y Freire de Andrade (1876-1951), publicando en 1915 una biografía sobre el mismo. Probablemente, fue Concepción Arenal, a la que también dedicó un libro, quien le acercará a la figura de este canónigo, calificándolo la escritora como uno de los más importantes benefactores españoles en su libro «La Beneficencia, La Filantropía y La Caridad» donde señala textualmente:

> «Si son dignos de la gratitud y respeto de la posteridad todos los fundadores de establecimientos de Beneficencia, lo son muy particularmente los que, como el canónigo D. Pedro Barrantes, no es sólo su fortuna lo que ofrece para tan santa obra. El piadoso fundador del hospital de San Julián, por sí mismo cuidaba a los enfermos, curándoles las heridas y limpiándoles las llagas en una casa donde al principio estableció algunas camas para recibir a los desdichados que por la índole de sus dolencias no eran admitidos en otros establecimientos».

Lo cierto es que la escritora le metió el gusanillo en el cuerpo para indagar algo más sobre la vida de este hombre, tras lo cual se va incluso a atrever a proponer que se utilice su escrito, si se estima oportuno, para promover el expediente de su beatificación Lo cual no era algo nuevo, ya que en 1708 el Cabildo había propuesto que dado que D. Pedro Barrantes había muerto en opinión del pueblo como un santo «convenía reconocer su cuerpo y hacer las diligencias conducentes para la manifestación de sus obras y virtudes»[1]. Lo que en opinión de don Narciso serviría para «mayor gloria de Dios, honor de su Iglesia y lustre del venerable Cabildo Metropolitano de Burgos».

1.1. SUS ORÍGENES

En las pesquisas de don Narciso, no le fue posible encontrar su partida de nacimiento en los archivos parroquiales de la localidad de Alcántara, donde nació Barrantes. Al parecer el libro más antiguo databa de 1586. Si en 1607, como se podía leer en el testamento del canónigo, ejercía ya en Burgos como sacerdote, y considerando el Sr. Correal que debería contar al menos con 25 años, era muy probable que su nacimiento fuera anterior a esa fecha. Esto situaba el mismo en torno a 1582 como mínimo, aunque en realidad el año de su nacimiento fue 1584.

Solo se pudo encontrar la partida de nacimiento de un hermano, Juan Barrantes Aldana, que fue bautizado el 13 de julio de 1600.

---

[1] RR-94. Folios 484-487. 03-12-1708. Archivo Histórico de la Catedral de Burgos.

A partir de esa partida conocemos el nombre de sus padres: Pedro Barrantes Aldana, al que se le señala como Gobernador de Galisteo[2] y su esposa Dª Isabel de Quirós.

Esta noticia podía llevar a la conclusión de que el canónigo pudiera haber nacido en Galisteo pero, de nuevo, los datos disponibles de nacimientos en esta localidad empezaban en la segunda mitad del siglo XVII cuando nuestro protagonista ya estaba en Burgos. El testamento del mismo, que veré en su momento, pues es una verdadera oración de humildad, nos aporta referencias que parece que le vinculan demasiado con la localidad de Alcántara, pues una hermana suya, María, profesó en el convento de Nuestra Señora de los Remedios de Alcántara, tal y como aparece reflejado en el mismo, así como por una pensión que destina en él a un sobrino suyo, entonces menor de edad, con el fin de que estudiara, señalándole que cuando cumpliera los dieciocho años o bien fuera fraile en Alcántara, o «tomara el camino que Dios» le inspirara.

El Sr. Correal no se queda en esta investigación en la figura de D. Pedro Barrantes, sino que analiza a todos aquellos «Barrantes» y «Aldanas» que tuvieron alguna notoriedad en la Historia patria y que yo voy a obviar para no descentrar la atención sobre nuestro protagonista, excepto en un dato muy curioso que aporta de un contemporáneo de este, también alcantarino, que llegó a ser Tesorero de la Catedral de Burgos y que fue asesinado en su pueblo por un primo segundo suyo, como constaba en su partida de bautismo, donde se apuntaba que había nacido en 1592.

---

[2] Municipio de Cáceres.

1.2. LLEGADA A BURGOS.
PRIMERAS RESPONSABILIDADES

Pedro de Barrantes llegó a Burgos como secretario del arzobispo D. Alonso Manrique. Cacereño como él, había nacido en la población de Galisteo, donde como hemos visto, había sido gobernador su padre, Pedro, al parecer por mucho tiempo, lo cual podía indicar que había cierta relación de amistad entre las familias o quizás algunos lazos de parentesco.

D. Alonso de Manrique fue nombrado arzobispo de Burgos el 27 de diciembre de 1604, haciendo su entrada en Burgos en marzo del año siguiente, falleciendo repentinamente el 26 de septiembre de 1612 en su palacio de Castrojeriz. Se decía de él que estaba muy próximo a la Compañía de Jesús, tal y como se había podido ver en las solemnidades que se celebraron en Burgos, en enero de 1610, con motivo de la beatificación de San Ignacio de Loyola.

La llegada de Pedro Barrantes al Cabildo burgalés se produjo, quizás, de una manera fortuita, ya que uno de sus miembros, el sacerdote D. Juan Dosal y Cosío, por motivos de salud, al no serle beneficioso el clima de Burgos, pidió una licencia ilimitada, que le fue concedida, aprobando el ingreso de Barrantes, «con habas todas blancas»[3]. Su toma de posesión tuvo la ausencia del arzobispo, paisano, amigo y quizás

---

[3] LIB-111. Folios 128-129. 25-9-1612 «Pablo V confiere a Pedro Barrantes Aldana, capellán del convento de los Remedios de Alcántara en la diócesis de Coria, la coadjutoría del canonicato que en la iglesia de Burgos posee Juan de Dosal Cosío, canónigo». Archivo Histórico de la Catedral de Burgos.

familiar, que había fallecido tres meses antes, permaneciendo en el Cabildo cuarenta y seis años. Toda una vida.

Desde 1613 hasta su muerte desempeñará el cargo de «Visitador de enfermos» por reiterado mandamiento del Cabildo, como apunta el Sr. Correal, y poco tiempo después se le nombrará Administrador del Hospital del Emperador[4]. Es, en este momento, cuando entabla amistad con D. Jerónimo Pardo y Salamanca que fue tan importante para el devenir de las vidas de ambos y que cristalizó en el Hospital de San Julián y San Quirce, más conocido como Hospital de Barrantes.

1.3. D. JERÓNIMO PARDO
Y EL HOSPITAL DE SAN JULIÁN Y SAN QUIRCE

Una de las primeras cosas que el Sr. Correal quiere dejar por sentado en su biografía de D. Pedro Barrantes, es que dicha institución no tenía como fin principal el tratamiento de las enfermedades venéreas, como se refería en «La España Sagrada» del P. Flórez, en la «Memoria sobre los institutos benéficos de Burgos» de D. Federico Martínez del Campo, en la «Guía de Burgos» de Buitrago y en un opúsculo anónimo de 1840 dedicado a dicho Hospital.

---

[4] RR74. Folios 629-632. 14-6-1613. «Nombra a Jerónimo Pardo, abad de San Quirce y Pedro Barrantes, canónigo, para que tomen las cuentas al provisor del Hospital del Emperador Alonso de Alvarado, tesorero, por corresponder la administración de dicho hospital al cabildo durante la sede vacante. Y que se aplique el alcance de las cuentas por tener el hospital mucha renta, como limosna para la fábrica de esta iglesia». Archivo Histórico de la Catedral de Burgos.

En las constituciones redactadas por Pedro Barrantes sobre el régimen interno del Hospital, en el apartado «Forma de cómo se ha de ejecutar la hospitalidad» se decía textualmente:

> «Hanse de recibir en dicho hospital hasta la cantidad de diez y seis camas, más o menos según las rentas y limosnas que hubiera, de males de cualquier cirugía, llagas, males gálicos[5], quebrados para labrarlos, mal de orina y otros muchos de cualquiera calidad que fuera, de los que no se admitan en los demás hospitales de Burgos, en los cuales lo más que curan son calenturas y enfermedades breves».

Se deducía pues que se constituía un hospital quirúrgico, donde sin ser excluidos los enfermos de «males gálicos» también se atendieran otras dolencias que necesitaran la intervención de un cirujano.

Otra de las actividades caritativas del Hospital fue la atención a los leprosos y, así, en otra cláusula, apuntaba nuestro biografiado: «Ítem decimos y ordenamos que en el dicho hospital haya ropa aparte para curar algunos leprosos, que por ser muchas las humedades de esta tierra suele haber algunos, y no curándose se van pegando este mal unos a otros, con lo que suele haber muchos. De este mal se solía curar en el Hospital de San Lázaro, pero ya muchos años que no hay hospitalidad en él, por haberle faltado las rentas, por cuya razón se hace más preciso este remedio».

---

[5] Sífilis.

El Hospital de San Julián y San Quirce, que es su verdadero nombre, en sus comienzos, va asociado a dos personas, nuestro biografiado y D. Jerónimo Pardo Salamanca, Abad de San Quirce (Burgos, 1576 – Burgos, 1643). Querer señalar la importancia que tuvo uno u otro en la génesis del Hospital me parece una tarea que para los fines que me propongo no tiene mucho sentido. D. Narciso Correal se inclina a señalar el mayor peso a su biografiado, mientras que D. Eloy García de Quevedo y Concellón[6], se resiste a darle la razón, señalando que el verdadero fundador fue don Jerónimo.

La diferencia entre este y Barrantes, la tiene muy clara el Sr. Correal. Pardo era un filántropo y Barrantes un santo, he aquí la distinción. A esta conclusión llega analizando las últimas disposiciones testamentarias de ambos, queriendo apreciar tics aristocráticos en el primero, aunque bien es cierto que delegó en Barrantes, uno de sus tres testamentarios, las disposiciones de carácter religioso y caritativo, pidiendo que aplicara sufragios por su alma, repartiera limosnas el día de su entierro, libertara algunos presos de la cárcel que sufrieran penas por deudas o entregara un socorro mensual a un individuo que una noche fría apareció abandonado en la Abadía de San Quirce, llamado Luisillo.

Al margen de su aportación material para la fundación del Hospital, a D. Jerónimo Pardo se debían dos iniciativas importantes que fueron aprobadas por el Cabildo. Primero, el de celebrar el octavario de la Asunción con la misma solemnidad que el Corpus,

---

[6] Prólogo del libro «Noticias fúnebres de D. Pedro Barrantes Aldana».

para lo cual aportó dinero de su patrimonio y, en segundo lugar, que los prebendados se enterraran con
ataúd al parecerle irreverente que sus cuerpos fueran
«hollados» por los sepultureros[7].

1627 es el año en el que Barrantes se dedica en
casas particulares, que mantiene él mismo, a cuidar de
aquellos enfermos desechados de otros hospitales. Fue
el nacimiento acaso de la idea que cristalizaría más
tarde en el Hospital que hoy todos conocemos. Inau-
gurado en 1645, ayudó económicamente a la construcción del edificio, compró la huerta que lo rodeaba
con su patrimonio, aumentó el número de camas a
las que señaló dotación, e instituyó al hospital como
heredero universal de su Hacienda.

1.4. EL SEMINARIO

Otro hito importante en la vida de D. Pedro Barrantes está en la construcción del Seminario, que se demo-
ró más de lo previsto. El 2 de noviembre de 1607, el
arzobispo D. Alonso Manrique comunicó al Cabildo su
propósito de hacer realidad la voluntad del arzobispo

---

[7] RR-78. Folios 129v-130. 11-1-1619. «Jerónimo Pardo, abad
de San Quirce, propone que se entierre a los prebendados en un
ataúd, para evitar que les pisen los enterradores, y se haga en la
capilla de San Gregorio o bajo la bóveda del altar mayor un carnero (fosa de enterramiento) para enterrar a todos. Acuerda que
siempre se entierre con ataúd y que se nombren diputados que
vean cómo debe hacerse el carnero. Propone que el real que se
da en las misas de memoria conventuales no se dé en la sacristía
para evitar alborotos, y se remedie la disputa entre el corregidor y
el obispo de Rosena por pretender los dos la primera silla del coro
del deán». Archivo Histórico de la Catedral de Burgos.

D. Cristóbal Vela[8] para edificar este Centro. El entusiasmo por la idea al principio se demuestra en el hecho de que quince días después de ese anuncio ya se había elegido el barrio de Caldavares[9] como lugar para su edificación, iniciándose las negociaciones con los propietarios de los terrenos para adquirirlos por permuta con algunas fincas que tenía el Cabildo o directamente por compra.

A pesar que algún miembro del Cabildo avisó que podían estar incurriendo en alguna ilegalidad al utilizar los fondos que había dejado el arzobispo Vela si los albaceas no estaban de acuerdo, el 28 junio de 1608 se disiparon esas dudas y la construcción del mismo estaba libre de cualquier problema. Sin embargo, fallecerá el arzobispo Manrique en 1612 sin que se hiciera ninguna gestión nueva al respecto. En 1619, en una sesión del Cabildo, se sacará de nuevo el tema, pero el doctoral de la catedral, Dr. Zuero, pedirá una votación «para que se pusiese sigilo sobre la materia hablada», lo que fue aprobado por 25 habas blancas frente a tres negras, una de ellas de Barrantes.

Fue precisamente nuestro protagonista quien quince años después consiguió desatascar este problema y el acta capitular del 17 de julio de 1634 así lo recoge: «Ese día el Sr. D. Pedro Barrantes mostró a Su Señoría el Cabildo, la traza y planta que Gabriel del Cotero,

---

[8] Abulense. Arzobispo de Burgos desde 1580 a 1599 en que falleció.

[9] El primitivo nombre de la zona era de Calonjía o Canonjía. Después se denominó del Sepulcro y posteriormente de Cal de Alades. El habla del pueblo la convirtió en Caldavares. En el siglo XIX el ayuntamiento acordó darla el nombre de Nuño Rasura.

maestro de obras ha hecho para el Colegio Seminario y pareció muy bien y se dijo que cuanto antes se empezara a efectuar»[10].

Se encargó a Barrantes del Rectorado del Seminario y de la dirección del nuevo edificio, e incluso de aportar de su propio peculio los dineros necesarios para terminar su construcción «en un ciento y novecientos mil maravedís, poco más o menos» como señala él mismo en su testamento.

El 7 de febrero de 1629 fue nombrado D. Pedro Barrantes depositario del sello del Ayuntamiento y Rector del Seminario[11], siendo reelegido en este último cargo los años 1638, 1640, 1656 y 1657. En 1658, D. Pedro Barrantes Aldana era simultáneamente Rector del Seminario y del Colegio de Mozos del Coro, Administrador del Hospital del Emperador, Visitador de enfermos, testamentario del Deán de Quintanadueñas y del Dr. Zuazo, Administrador de la casa y obra pía de los Niños Expósitos, Administrador y enfermero del Hospital de San Julián y San Quirce, Juez de deudas y proponedor de Cabildos espirituales, como nos señala el Sr. Correal.

1.5. EL COLEGIO DE MOZOS DE CORO

El Colegio de Mozos de Coro era una institución musical, siendo Barrantes elegido rector del mismo en

---

[10] RR-82. Folios 339. 17-7-1634. Archivo Histórico de la Catedral de Burgos.

[11] RR-81. Folios 283v-285. 7-2-1629. Archivo Histórico de la Catedral de Burgos.

1613, al cumplirse un año de su ingreso en el Cabildo, y confirmado por unanimidad en este cargo en 1617, 1621, 1636 y 1649 y, en 1650, al ser reelegido para ese puesto, se le proclamó Rector para todo el tiempo que él quisiera[12].

Lo cierto es que los gastos del Colegio no tenían la suficiente contrapartida en las dotaciones económicas que recibía. Es decir, era una institución ruinosa y con déficits cada vez más grandes. Salvo cuando figuraba de Rector el bueno de don Pedro, que siempre se las ingeniaba para sanearlo con su propio dinero. Solo en 1621, cuando lo dejó momentáneamente para dedicarse a la dirección del Seminario, se le debían **más de tres mil reales**, que terminó donando. Así que siempre que llegaba un nuevo Rector y se volvía a incurrir en déficits se volvían los ojos hacia Barrantes para que se volviera a hacer cargo. Eso sí, se era consciente de que se le pedía demasiado, ya que en 1636 cuando volvió a pedir ser sustituido por sus muchas ocupaciones, se reconoció que no podía disgustarse «a quien tantas obligaciones se le debían»[13].

En su testamento perdonará la deuda que el Colegio tenía contraída con él y además hará una donación

---

[12]   Realmente figura también como rector del Colegio en otros años: 1632-34; 1636-37 y 1651, al margen de ocupar también el puesto de administrador. Archivo Histórico de la Catedral de Burgos.

[13]   RR-82. Folios 573v-574. 19-5-1636. «Pedro Barrantes Aldana informa del estado que tiene el colegio de Mozos de Coro, su hacienda y empeños, y pide se le exonere de su rectoría por tener mucha edad y estar muy ocupado con el seminario y fábrica de su gran casa; manda nombrar a una diputación que lo vea». Archivo Histórico de la Catedral de Burgos.

de camas y ropas. Pero no todo se reducía a cuestiones crematísticas, también ejercía cierta función paternal con los colegiales, como en el caso de un mozo del Coro conocido con el mote de «el Curilla», quien al parecer se entretenía fumando y piropeando a las muchachas burgalesas, lo que escandalizó al Cabildo pidiendo a Barrantes que le reprendiera duramente e incluso lo despidiera, algo que su naturaleza bondadosa repudiaba[14]. Pero era su obligación, y cuando estuvo delante del muchacho, al ver este su semblante grave y para él desconocido, no tuvo que decir nada, y solo escuchar la petición de perdón compungida y sincera del muchacho. Declararía al Cabildo que las lágrimas y la promesa de arrepentimiento del chico le habían enternecido, dando por zanjado este enojoso asunto para un alma tan delicada como la suya.

Debía ser un chico algo problemático. Esta escena la sitúa el Sr. Correal en unas Pascuas de Navidad, aunque aconteció en el mes de octubre de 1652. Un año después se procederá a expulsarle[15]. A pesar de que el chico demostrará arrepentimiento tal y como

---

[14] RR-84. Folios 512v-522. 11-10-1652. «Los superintendentes del colegio de Mozos de Coro denuncian que el vicerrector de dicho colegio no responde bien en su trabajo y que un mozo de coro, al que llaman el curilla, asiste poco a coro, está muy distraído y da mal ejemplo a los demás; acuerda que en cuanto al vicerrector se procederá más adelante y que Pedro Barrantes Aldana, canónigo, reprenda severamente al mozo de coro y si no se enmienda que le despida». Archivo Histórico de la Catedral de Burgos.

[15] RR-84. Folios 611v-612. 17-10-53 «Acuerda despedir al mozo de coro llamado el curilla Francisco de Oroz, porque ya no es necesario en el colegio y ocasiona muchos altercados y desórdenes». Archivo Histórico de la Catedral de Burgos.

queda reflejado en el acta[16]. Llegándose a una solución de consenso, quién sabe si por intermediación de D. Pedro Barrantes[17].

1.6. SAN JUAN DE SAHAGÚN

Hay un hecho documentado en la vida de Barrantes que puede venir muy bien al objetivo de esta breve biografía y hace referencia a otro santo: San Juan de Sahagún, quien fue canónigo de la Catedral, como nuestro protagonista. Vivió entre 1430 y 1479 siendo beatificado en 1601 y canonizado en 1691.

Pedro Barrantes parece que puso bastante empeño en que se venerase a este santo en Burgos y, por su iniciativa, según nos relata el Sr. Correal, se pidió a Roma licencia pontificia para que este santo tuviese un rezo particular en el Arzobispado, lo que fue concedido. Por ello, se hizo una petición al convento de los Agustinos de la ciudad de Salamanca, donde descansaba su cuerpo, de una reliquia del Santo para venerarla en Burgos y darle culto en la Catedral. La reliquia llegó a Burgos ante una gran expectación, y con el respeto correspondiente a su categoría, el 20 de junio de 1648.

---

[16] RR-84. Folios 612v. 20-10-53 «Francisco de Oroz, mozo de coro, que ha sido despedido (17-10-1653) del colegio, promete enmendarse y pide se le dé algún salario para poder vivir fuera del colegio y aprender el instrumento en el que se está ejercitando; que se vea». Archivo Histórico de la Catedral de Burgos.

[17] RR-84. Folios 612v-613. 24-10-1653 «Acuerda, previa votación por habas, otorgar a Francisco de Oroz, músico, un salario de 300 reales al año, a condición de que estudie los instrumentos de corneta y chirimía y si dentro de seis meses no alcanza el nivel deseado, se le despida». Archivo Histórico de la Catedral de Burgos.

Al año siguiente, el 12 de junio, se celebró la fiesta de este santo y uno de los organizadores de la misma fue D. Pedro Barrantes, adoptándose por su impulso varias iniciativas. Por ejemplo, entre otras, la reliquia sería colocada desde las primeras vísperas en el altar mayor al lado del Evangelio, con todo el ornato de que se fuese capaz, tocando aquella noche las campanas de la Catedral, colocando luminarias en las partes que pareciese al Sr. Fabriquero y disparando algunos cohetes desde las torres. Además se propuso al Cabildo que gestionara en Roma «un breve» para tener por patrón de la iglesia de Burgos, después de la Virgen, a San Juan de Sahagún, con derecho a oficio y octavario, aunque este asunto se creyó conveniente aplazarlo y estudiarlo.

Se podría decir que había un celo especial en nuestro biografiado por acelerar la canonización de este santo e incluso aceptó con fecha de 21 de abril de 1649 el encargo de obtener recursos para construir un retablo en el altar dedicado al Santo, como así se hizo[18].

1.7. AÑOS DUROS (1629-1632)

Donde va a brillar la personalidad de D. Pedro Barrantes es en una circunstancia que se va a dar sucesivamente durante varios años, entre 1629 y 1632, como consecuencia de los crudos inviernos que asolarán a

---

[18] RR-84. Folios 274. 21-4-1649 «Comete a Fernando de Abarca Maldonado y a Pedro Barrantes Aldana, canónigos, que pidan limosna entre los prebendados para acabar de hacer el retablo de San Juan de Sahagún». Archivo Histórico de la Catedral de Burgos.

la provincia burgalesa. Los campesinos, sumidos en la miseria, vendrán a la ciudad en busca de alimento. La primera voz de alarma, según el Sr. Correal, le llegará al Cabildo por nuestro protagonista, pidiéndole que diera un ejemplo de caridad; y por unanimidad se acordará distribuir doce fanegas de trigo entre las familias necesitadas en la reunión que se celebró el 31 de enero de 1629[19].

Este reparto se le encomendó a D. Pedro Barrantes sin que para hacerlo se le diese ningún tipo de norma pues, tal y como se decía textualmente en el auto capitular, nadie conocía mejor que él las necesidades de la población.

La situación se agravará dos años más tarde. De nuevo, Barrantes hará un llamamiento al Cabildo y visitará al Corregidor de la ciudad y al recién llegado Arzobispo[20]. Desperdigados por la ciudad se calculaba que habría unos dos mil trescientos pobres. No obstante, se necesitaba un plan de actuación que nuestro protagonista dividirá en tres necesidades. En primer lugar, habría que elaborar un censo de los mendigos para conocer la gravedad del problema; en segundo lugar, y una vez elaborado el censo, se tendría que hacer una clasificación atendiendo al sexo, edad, condición social o relación familiar entre ellos. Y, finalmente, analizar con qué recursos extraordinarios se podría contar.

---

[19] RR-81. Folios 278-279. 31-1-1629. «Reparte entre los necesitados 12 fanegas de pan a causa de la pobreza que hay en la ciudad y a las nieves». Archivo Histórico de la Catedral de Burgos.

[20] Fray José González. Había llegado a Burgos en 1630 y morirá el 28 de marzo de 1631.

El 3 de febrero de 1631 presentará esta propuesta a una Comisión reducida formada por el Sr. Deán, el Arcediano de Briviesca y el Abad de San Quirce y posteriormente a todo el Cabildo junto a los regidores designados por la ciudad bajo la presidencia del Corregidor[21]. El 17 del mismo mes, Barrantes sorprenderá a todos anunciando que había visitado a todos los pobres de la ciudad presentando un censo y su clasificación.

En ella establecía la cifra de 1.000 niños y niñas que necesitaban urgente socorro, 400 mendigos, 50 enfermos, 200 trabajadores, 100 oficiales, 100 vergonzantes y 350 mujeres «que hilan el cerro, cosen y se ocupan en menesteres insuficientes para sustentarlas».

El problema surgió a la hora de distribuir a estos pobres para que comunidades y particulares se hicieran cargo de su manutención. Solo el arzobispo de Burgos, Fray José González se puede decir que cumplió dignamente con su cometido asignándose a 500 de ellos. Otras comunidades se excusaron de diferentes maneras de cumplir con lo acordado.[22] [23] [24]

---

[21] RR-81. Folios 557-558. 3-2-1631 «El abad de San Quirce Jerónimo Pardo y Pedro Barrantes Aldana acuerdan, junto con el arzobispo José González Villalobos, repartir el gran número de pobres que hay en la ciudad en los conventos y otros particulares, y que se haga memoria de los pobres que hay por parroquias y vecindades». Archivo Histórico de la Catedral de Burgos.

[22] RR-81. Folios 568-569. 25-2-1631. «Los diputados Luis Álvarez de Quintanadueñas, Bartolomé de Castro, arcediano de Briviesca, Jerónimo Pardo, abad de San Quirce, y Pedro Barrantes Aldana, en la junta celebrada con el arzobispo José González Villalobos, acuerdan que según las listas de pobres presentadas (18-02-1631) el caso es de necesidad extrema, y que el prelado se encarga del sustento de 500, el cabildo unos 300, y el Hospital del Rey

Desgraciadamente, el único que había respondido de verdad a la petición de auxilio de Barrantes agonizaba el 28 de marzo de este año. En los documentos que recogen este hecho se exponen con toda crudeza los temporales de lluvias y nieves que habían azotado a la ciudad. Se estaba ante una situación verdaderamente desesperada y no se veía salida. El cabildo

---

y los conventos también tendrán que hacerse cargo de una buena parte, incluso se hará un reparto de pobres entre los prebendados de esta iglesia». Archivo Histórico de la Catedral de Burgos.

[23] RR-81. Folios 569-570. 26-2-31. «Los diputados encargados de la limosna de los pobres acuerdan que el cabildo se haga cargo de 250, 190 repartidos entre los prebendados y el resto entre las dignidades ausentes y capellanes. Manda escribir al cardenal Antonio Zapata para que ayude a paliar esta necesidad. Determina que a los pobres vergonzantes se les den cada semana dos reales y dos panes, a los niños un real y un pan, a los mendigos tres reales y tres panes y medio, a los niños mendigos dos reales y dos panes; advierte a los prebendados que puedan escoger la calidad de los pobres a los que acoger: vergonzantes, mendigos o niños. Acuerda que se nombre a tres prebendados que vigilen a la persona que haga la comida para los pobres, viendo lo que se le da de carbón y leña, legumbre que se ha de poner cada día en la olla y que guarden la llave del aceite y medida para lo que se ha de echar cada día en la olla para que no haya engaño en nada. Nombra diputados para que repartan la limosna de los 60 pobres a Pedro Miguel, maestrescuela, Bernardino de Mena Tosantos, Fernando de Abarca Maldonado y a Pedro de Barrantes. Archivo Histórico de la Catedral de Burgos».

[24] RR-81. Folios 580-581. 17-3-1631. «Los diputados Pedro Miguel, Bernardino de Mena Tosantos, Fernando de Abarca Maldonado y Pedro Barrantes Aldana, canónigos, manifiestan que algunos monasterios y personas particulares no quieren recibir pobres a su cargo, que Sancho de Quintanadueñas no quiere que se le encomiende el sustento de los cuatro pobres que tenía a su cargo su tío, el difunto arcediano de Valpuesta, Alonso de Alvarado y Córdoba. Manda a Pedro Barrantes Aldana, canónigo, que prosiga con el reparto de los pobres». Archivo Histórico de la Catedral de Burgos.

acordó redoblar su esfuerzo caritativo, incluso apelando al patrimonio individual de los prebendados, pero también apelará a la ayuda espiritual llevando en procesión a la capilla de los Remedios la imagen del Santo Ecce-Homo, donde se cantará una Salve, pidiendo que acabara cuanto antes tanta tragedia que se podía resumir en enfermedades, hambre, temporales, nieves y la muerte del Arzobispo.

Habían sido meses muy duros, y nuestro protagonista que había tenido una gran actividad en los mismos tratando de multiplicarse para resolver todos los problemas que se habían planteado, se encontraba muy cansado, por lo que solicitó licencia al Cabildo para descansar un mes en el Monasterio de San Esteban de los Árboles, caracterizándose curiosamente los miembros de esta comunidad, que había sido reformada por San Pedro de Alcántara, como los más pobres de la diócesis, al margen de llevar sus penitencias hasta el extremo, soportando ayunos prolongados.

No era pues un lugar de descanso sino de penuria, por lo que parece que Barrantes no buscaba un reparo material sino de otra índole. Quizás necesitaba de un recogimiento espiritual del que había carecido en unos meses en que tantas necesidades materiales había tenido que satisfacer. En cualquier caso, su celo le tenía merecida cualquier petición, pero el Cabildo se la va a denegar, alegando que se le necesitaba para seguir atendiendo al problema del sustento de los numerosos pobres de la ciudad, cuando el propio Barrantes aseguraba en su escrito de petición que este ya fluía con toda normalidad, habiéndose solucionado los problemas de atendimiento de pobres que surgieron al principio[25]. Se ve que se le consideraba imprescindible y que nadie quería ocupar su puesto por la mucha responsabilidad que conllevaba, y por lo bien que él lo sabía hacer todo, a costa probablemente de muchas mortificaciones que otros no querían padecer, lo que le había pasado en otros puestos de responsabilidad, como he visto.

Quizás también el Cabildo quería cuidar su salud, no fuera a ser que un mes de penitencia en ese convento, más que de descanso, fuera pernicioso y se deteriorara su estado físico irreversiblemente. Entonces, este año nefasto, podría teñirse aún de tintes más oscuros.

1.8. LOS ARZOBISPOS Y EL CABILDO

En el recorrido de los diferentes capítulos de su biografía, el Sr. Correal trata de pintar un perfil humano y psicológico de D. Pedro Barrantes a través de pequeños descubrimientos que va haciendo en el archivo catedralicio. Y dentro de estos descubrimientos, hablará sobre las relaciones siempre tirantes que hubo entre el Cabildo y los diferentes arzobispos, al menos en la época de nuestro biografiado.

Por ejemplo, en tiempo del arzobispo Andrade (1632-1640), parece que este se había retrasado en hacer una donación a la Catedral, que por tradición regalaban los obispos al posicionarse de la Archidióce-

---

[25] RR-81. Folios 605v-607. 5-5-1631. «Pedro Barrantes Aldana, canónigo, pide licencia para retirarse durante un mes a San Esteban de los Árboles, porque se siente muy cansado; no se le concede hasta que no se remedie el reparto y sustento de los pobres». Archivo Histórico de la Catedral de Burgos.

sis. Por ello, se llegó a pedir que se iniciara un proceso judicial por parte del Cabildo contra el arzobispo, reclamando la misma. Y aquí, intervino nuestro amigo, que entonces desempeñaba el cargo de fabriquero, tratando de calmar los ánimos, ofreciéndose a intermediar personalmente en el asunto, sin necesidad de llegar tan lejos.

Y no sólo lo logró sino que el prelado envió unas vestiduras sacerdotales que superaban en calidad y ornato a las que habían donado arzobispos anteriores.

La tirantez entre Prelado y Cabildo llegó al extremo de que se consideró falta grave, de hecho pecado mortal, el que se revelaran al arzobispo las resoluciones adoptadas en las reuniones del Cabildo, considerando sus acuerdos como secretos, e incluso solicitando que se aplicase un juramento de sus miembros para dar más solemnidad a ese compromiso[26].

Desde esta situación se llegó al extremo de excluir a los familiares del Prelado de aquellas reuniones del Cabildo en los que se discutieran asuntos relacionados con él. Así que al bueno de Barrantes le tocaba salirse de esas reuniones cuando se trataban temas que afectaban a D. Fernando de Acevedo. No dejaba de ser algo vejatorio. Parecía como si se le considerase como un espía. Dice el Sr. Correal, que dada la sensibilidad de Barrantes esto tendría que herirle profundamente, pero jamás se le oyó ninguna queja y aceptaba esta humi-

---

[26]   RR-80. Folios 369-370. 2-5-1625. «Ordena traer al próximo cabildo espiritual el juramento escrito en latín, que deben prestar los prebendados al tomar posesión sobre la obligación de guardar secreto de todo lo que se trate en cabildo, para que vuelvan a jurar todos». Archivo Histórico de la Catedral de Burgos.

llación con la alegría con que la hacen los hombres cristianamente buenos[27].

Solo una vez ocurrió algo curioso, y es que cuando le fueron a llamar para que se reincorporara de nuevo a la reunión del Cabildo, nuestro protagonista ya no estaba como otras veces. A la siguiente reunión, y temiendo Barrantes que se hubiera considerado esa desaparición como un arranque de soberbia, les informó que como limosnero del arzobispo, no podía estar inactivo ni un instante, habiendo aprovechado esa tarde en que se le había excluido del Cabildo para visitar enfermos y atender a unos huérfanos.

1.9. SU INTERMEDIACIÓN

Revisando las actas de estas reuniones se puede percibir el carácter de intermediador de Pedro Barrantes con los más desfavorecidos solicitando socorros económicos al cabildo[28]. Por ejemplo, consta una petición a favor de Ana María García del Valdivielso, que era pobre de solemnidad, para recibir limosna del Cabildo, intercediendo por ella Barrantes y consiguiendo

---

[27]   RR-78. Folios 522v-525. 21-8-1620. «Vota que no esté en cabildo Pedro Barrantes Aldana, por ser familiar del obispo, mientras se trata de asuntos relacionados con el prelado». Archivo Histórico de la Catedral de Burgos.

[28]   RR-79. Folios 193v-196. 1-10-1621 «Acuerda dar 2.000 mrs. a María del Moral, vecina de Madrigal del Monte, para que se pueda curar de su enfermedad contagiosa (27-09-1621); se encarga a Pedro Barrantes Aldana que trate de su curación, con otras mujeres que él cuida». Archivo Histórico de la Catedral de Burgos.

por unanimidad que se la concediesen «doce reales por ahora a cuenta de las limosnas ordinarias»[29].

Otro día, Andrés Sáez, que era perrero, presentará una instancia «por conducto del Sr. Barrantes» para que se le agilice la entrega de unos reales prometidos por el Cabildo para atender a su mujer y a sus hijos que estaban enfermos.

También intercederá por trabajadores que ejercían su labor dentro de la propia Catedral como Domingo de Vallejo, ensamblador, muy pobre y enfermo, para el que conseguirá quinientos maravedís; e incluso por familiares de canónigos que quizás confiaban más en su persuasión que en la de su propia familia, como fue el caso del sobrino del canónigo D. Fernando de los Ríos, que estaba «necesitado de un vestido para poder ir a estudio», suplicando en su nombre Barrantes al Cabildo, que «del quinto de los bienes del difunto se le mandase dar», transmitiendo la orden a los testamentarios.

Igualmente intercedía por difuntos a pesar de que se tuviera que saltar por ciertas normas que parecían infranqueables. De hecho, murió un criado del arzobispo Acevedo, Juan Alvear, a quien este quería mucho, y a quien deseaba hacer cumplir su deseo de ser enterrado en la Catedral. Para ello era necesario obtener la licencia del Cabildo. Y no era nada fácil. Barrantes intervino pues era consciente que el Cabildo

---

[29] RR-79. Folios 587-588. 17-7-1623 «Ana María García de Valdivielso, pobre de solemnidad, pide limosna para curar a una hija; acuerda, a petición de Pedro Barrantes, darle 12 reales, a cuenta de la limosna ordinaria». Archivo Histórico de la Catedral de Burgos.

no quería sentar precedentes de este tipo. En la votación con habas blancas y habas negras se proponía como voto afirmativo, es decir, con habas blancas, el enterramiento, «por esta vez» y «sobre todo por quien lo propone», ganando por veinticinco blancas contra tres negras[30].

Especialmente, quería señalar el Sr. Correal, en su biografía sobre Barrantes, que contra el criterio localista de atender exclusivamente a los pobres de la ciudad, este tenía una visión más global: «Todos son súbditos de Dios, redimidos con su preciosa sangre», dirá. Y, de hecho, a él se debía que religiosos, caminantes y peregrinos de cualquier nación, como señala el Sr. Correal, que se acercaran al Cabildo a pedir socorro, pudieran ser ayudados, como fue el caso del caballero escocés Guillermo Bloma que había sido expulsado de su país por cristiano, y hechos presos su mujer y sus hijos así como confiscados sus bienes, y que tras llegar a Burgos y contar su historia al Sr. Deán a la puerta de la Catedral, fue atendido con quinientos maravedís por parte del Cabildo[31].

---

[30] RR-79. Folios 279-282. 14-2-1622. «Pedro Barrantes Aldana informa de la muerte de Juan de Alvear, criado del arzobispo, y pide al cabildo que dé licencia a los cantores para que vayan al entierro; se da licencia por esta vez por celebrarse el entierro en esta iglesia y ser deseo del arzobispo». Archivo Histórico de la Catedral de Burgos.

[31] RR-80. Folios 54v-56. 16-10-1623. «Acuerda previa votación por voz, conceder 500 mrs. de limosna a un caballero escocés que huye de su país por ser católico y que tiene a su mujer e hijos encarcelados por este motivo». Archivo Histórico de la Catedral de Burgos.

Finalizo este comentario sobre las virtudes caritativas de Barrantes, afirmando que entre sus preferidos
estaban sus propios compañeros. Era el caso de un
sacerdote anciano, pobre y ciego, que solía acudir con
frecuencia a la Catedral y confesar a los miembros del
Cabildo. Se trataba de Lesmes García. Barrantes le esperaba los días de confesión a la puerta de la Catedral
y cuando acababa lo acompañaba a su casa, constan-
do en los archivos el gasto de setenta y seis reales que
Barrantes había empleado en comprar dos camisas y
dos sabanas para el anciano sacerdote[32].

Otro caso fue el del sochantre Pedro de Vera, fallecido tras una larga enfermedad en la pobreza más
absoluta y que gracias a la petición que Barrantes hizo
al Cabildo, este costeó todos los gastos del entierro y
su sepultura, siendo amortajado con la ropa de nuestro biografiado.

1.10. EL FINAL

Poco a poco ese cuerpo cansado, que se había
vaciado ayudando a los demás, dejará de sufrir para
siempre el 9 de agosto de 1658. Según el Sr. Correal,
murió un viernes, sobre las dos de la tarde, prácticamente sin agonía. El Deán de la Catedral informó al
Cabildo al día siguiente, refiriéndose a él como un
«prebendado de ejemplar vida y costumbres y de caridad singular con los desgraciados».

---

[32] RR-84. Folios 562-563. 22-4-1653. «Ordena dar libranza a
Pedro Barrantes Aldana de 76 reales que ha gastado en dos camisas y dos sábanas que, por orden del cabildo, entregó a Lesmes
García, clérigo ciego, que confiesa en esta iglesia». Archivo Histórico de la Catedral de Burgos.

Su cadáver, según nos cuenta el Sr. Correal, fue introducido «en un ataúd de terciopelo tachonado» y colocado en «el arco y nicho que está debajo de la vidriera del altar de la Virgen de los Remedios» de la Catedral[33]. Esta Capilla desde su restauración es la del Santísimo Cristo de Burgos.

Resulta curioso, tal y como se puede comprobar en el libro de acuerdos de la Universidad de parroquias y clerecía de Burgos, que a pesar del vacío que había dejado la pérdida de nuestro biografiado, especialmente entre las clases más pobres de la ciudad, no hubo acuerdo unánime respecto a las honras fúnebres que debían tributársele. El acta de la reunión dice textualmente:

> «En trece de agosto de seiscientos y cincuenta y ocho se juntaron los señores de la Universidad y clerecía de Burgos en la iglesia parroquial de San Nicolás, habiendo sido avisados por sus mayordomos de orden del señor licenciado Don Francisco de Porres, y estando juntos en cabildo, dicho señor dijo: que nuestro Señor había sido servido de llevar de la presente vida al señor D. Pedro Barrantes, cuya virtud y vida ejemplar era a todos notoria y en mucha caridad, además de muchas limosnas que había hecho así a personas eclesiásticas como a se-

---

[33] RR-85. Folios 138v-139. 10-8-1658. «Acuerda que se entierre a Pedro Barrantes Aldana, que falleció el día 9, en el arco y nicho que está debajo de la vidriera del Santo Cristo, de la capilla de Nuestra Señora de los Remedios, en un ataúd de terciopelo tachonado, a cuenta de la mesa capitular. Nombra diputados para que hagan la luctuosa y al entierro asista el arzobispo Antonio Payno». Archivo Histórico de la Catedral de Burgos.

glares, por lo cual sería bien que dicha Universidad
le hiciese honras particulares con el lucimiento que
acostumbra, en demostración del sentimiento justo
que todos podían tener de haberle perdido.

Vista la dicha propuesta y conferida en voz pareció
a algunos señores de la Universidad ser negocio de
gracia y que se le conocían algunos inconvenientes
y así lo contradijeron. Por ser cosa tan piadosa y
del servicio de Dios nuestro Señor y honra de sus
siervos, se mandó por dicho señor á mí, escribano,
diese habas blancas y negras para que se votase
en secreto y habiéndolas dado se votó y acordó
por la mayor parte y casi toda de dichos señores
se hiciesen honras, después de lo cual pareció a
dichos señores se nombrasen cuatro diputados, los
cuales juntamente con los señores Prior y Capiscol
y demás oficiales, hicieran los cabildos y juntas necesarias para la disposición de dichas honras, las
cuales se habían de hacer en la Iglesia parroquial
de San Gil con todo el lucimiento posible, en cuya
conformidad dicho señor Prior nombró por diputados a los señores Doctor Luzón, Lucas González,
Juan de la Cuesta, Bautista de Villamor y Don Ven-
tura de Mena».

El arzobispo, Antonio Paino, recién llegado a la
diócesis (cinco días antes de la muerte de D. Pedro
Barrantes), prometió a los comisionados que asistiría a
la ceremonia del funeral, fijándose el 2 de septiembre
a las once de la mañana, decorándose la iglesia de
San Gil de paños negros desde la capilla mayor hasta
el túmulo, formado por una tarima sobre la que se co-
locaría la casulla y el bonete representando al finado.

El domingo 1 de septiembre, a las ocho de la noche, sonaron las campanas de los templos burgaleses que anunciaban el funeral del día siguiente. Y, de nuevo, sonarán al amanecer, y poco antes de las once, escuchando los asistentes la oración fúnebre que el P. de Loyola dedicará en esta función necrológica a nuestro biografiado.

El regidor D. José Baraona, en la sesión municipal que se celebró ese mismo 2 de septiembre, propondrá que se publicaran los dos «epicedios»[34] que se pronunciaron con motivo del fallecimiento del canónigo, con el fin de que la ciudad pudiera recordar siempre a Pedro de Barrantes y a sus obras. El 12 de octubre ya se encontraban impresas las dos oraciones.

También en la Catedral se celebraron solemnes funerales, asistiendo, el obispo, el ayuntamiento, la nobleza de la ciudad y muchos burgaleses.

---

[34] Composición lírica que se recita en las ceremonias fúnebres.

2. EL «DESCUBRIMIENTO» DE D. ELOY GARCÍA DE QUEVEDO Y CONCELLÓN

Voy a abrir aquí un paréntesis en la narración que venía siguiendo del Sr. Correal, quien en su momento no pudo conseguir estos sermones fúnebres, pues de seguro los hubiera incorporado a su estudio sobre el personaje. Fue D. Eloy García de Quevedo y Concellón quien siempre ávido por descubrir en librerías de viejo libros sobre Burgos, se topó con la edición que sacaron en aquella época los contemporáneos de Barrantes, conteniendo dichas referencias necrológicas surgidas en las exequias que se le tributaron tras su muerte. Y presto a compartirlo con todos los burgaleses, fueron reimpresas por el Cabildo Metropolitano en 1942[35], que son las que yo tengo en mi propiedad.

Ya en el prólogo, obra de su pluma, que tanto amó a Burgos, señala cómo en el acta de sepultura a la que

---

[35] No sin ciertas vicisitudes. Ya que la petición de reimprimir el raro libro la había hecho D. Eloy unos años antes, prácticamente al adquirirlo y solo después de una conferencia del Dr. Arangüena sobre Barrantes en la que utilizó datos que se insertaban en esta obra movió al Cabildo a su publicación como detalla el Sr. García de Quevedo en el prólogo de este libro.

Escudo heráldico edificio exterior hospital de Barrantes de San Julián y San Quirce, Burgos.

me he referido antes, donde se señala la ubicación donde se encontraba el cuerpo de Barrantes, y que para nuestra historia tiene cierta importancia, llevaba la siguiente anotación: «Hízose el depósito por «ahora» en otro arco más adelante». Esta escueta nota dejó a Barrantes, según el autor de esta introducción, durante siglos olvidado. Y lo curioso fue que sobre esta sepultura provisional no se grabó ningún epitafio. Fue colocado sobre la losa de otro sepulcro «cerrándose el hueco con panderete de ladrillo»

El libro que consiguió el Sr. García de Quevedo es el mismo que mandó imprimir el Ayuntamiento, siendo su autor D. Juan Fernández de Villalobos y Astola. Fue impreso en Burgos por Diego de Nieva y Murillo el mismo año en que falleció Barrantes, estando dedicado a D. Diego de Riaño y Gamboa, presidente del Consejo de Castilla.

En la primera parte de ese libro aparecen unas «Memorias Honorarias» escritas por Fernández de Villalobos y Astola que trazan una biografía de Barrantes y una descripción de su entierro que será a la que me voy a referir. El estilo engolado propio del tiempo no aporta mucho más de lo que ya he dicho a través del Sr Correal sobre la vida del canónigo, a quien se le considera un ser lleno de todas las virtudes.

En cuanto a su entierro se comenta que ya que el arzobispo no pudo ir a verle al lecho de muerte, aunque le envió su bendición, sí asistió al mismo. Asperjó el arzobispo el coro, saliendo la procesión fúnebre de la Catedral por la Puerta Real hasta llegar al Colegio de San Jerónimo. El cuerpo del finado se encontraba sobre unas andas «o cama portátil, adornada de terciopelos guarnecidos vistosamente, con flores de servillaneta de oro». El cadáver, según decía la narración, lejos de producir el tradicional miedo o respeto, maravillaba por su compostura y su belleza, colocándole **una palma** (la negrita es mía, ya se verá por qué) símbolo de la virtud que se le reconocía. El cuerpo se colocó debajo del Crucero.

Cuando acabó el oficio, cuatro canónigos llevaron el féretro a la capilla de la Virgen de los Remedios. Como el fallecimiento de Barrantes había ocurrido seis días antes de celebrar la fiesta de la Asunción de María, el 15 de agosto, se pospuso su funeral para el día 23 de agosto, encomendando el sermón al Reverendo Padre Valentín Antonio de Céspedes, jesuita. A este acto no solo asistió el arzobispo, sino dos sobrinos del difunto, don Juan y don Fernando Barrantes

De este sermón trataré de sonsacar y actualizar a lenguaje de hoy lo que este contemporáneo dirá de nuestro biografiado. He obviado el comienzo del mismo en el que traza un prolijo árbol genealógico que no aporta nada a las virtudes que deseo destacar.

3. EL SERMÓN DEL P. VALENTÍN ANTONIO DE CÉSPEDES

El primer dato importante que da, y sobre el que tenía tantas dudas el Sr. Correal, es el de su edad. Al morir D. Pedro Barrantes tenía setenta y cuatro años. Según el jesuita, orando había aprendido a hablar, y ya a los diez años rezaba el Oficio Divino. Ayunaba todos los viernes y sábados del año, todo el Adviento, toda la Cuaresma, y los viernes de esta a pan y agua. Acordándose de la sed de Cristo en la cruz, comía pan para sentir lo mismo pero no bebía. Ya siendo adulto, y con una salud frágil, jamás quiso en Cuaresma comer un huevo, ni beber una gota de leche en toda su vida.

Llevado siempre por una prudencia exquisita intentaba tapar esta forma austera de vivir, pero era difícil para quien convivía con él no darse cuenta de su oración fervorosa, su mortificación continua, sus disciplinas, sus vigilias, sus silencios, sus abstinencias y esa caridad que practicaba con sus semejantes, no considerando nada suyo.

Comentaba el orador, que persona muy cercana a Barrantes le había comentado que desde que tenía certeza de cristiano, cada día, cuando se levantaba, pensaba que sería el último de su vida; y que esto, antes que hacerle penar, le llenaba de un gran gozo. Tanta era su confianza en Dios.

Reconocía en el sermón que mucho más de lo que podía decir sobre el trato que Barrantes tenía para con los pobres, lo conocían quienes le estaban escuchando, pues le habían visto muchas veces. Solo intentaba refrescar su memoria al recordarlo y que se volvieran a alegrar con él en esa evocación.

Barrantes se moría por los pobres y se mataba por ellos, según sus palabras. Solo había que ver el amor con que los acariciaba, la suavidad con que los asistía, la dulzura con que les consolaba, el cariño con que se despedía de ellos, que casi se entreveía que le daba pena dejarlos. Cuántas veces se le había sorprendido besándoles humildemente los pies como si fueran los de Cristo los que besaba. Cuántas veces los abrazaba con afecto y hasta les «bebía casi el aliento», consolándolos. Esto era morir por ellos.

También se mataba por ellos, como cuando caminaba por las frías calles de Burgos en las noches de invierno buscando a los enfermos desamparados, e incluso en los campos; llevándoles muchas veces en sus brazos y en sus hombros, a pesar de la debilidad de su cuerpo al que sometía a tantas disciplinas y penitencias. También al pasar tiempo curando las llagas más purulentas de los enfermos más contagiosos «recibiendo aquel vapor intolerable, que no solo molesta, sino que infecciona».

No había hora en él para dormir o comer. Su reloj era la necesidad de los pobres, olvidándose de sí mismo, sin probar bocado hasta la noche. Por todo esto se podía decir que por ellos se mataba. Aún no temiendo la muerte, ya desde niño, a alguno de sus confidentes le dijo que no tenía ánimo para pedirle a Dios que se lo llevara, porque entendía que de esa manera estaba traicionando a sus pobres, anteponiendo su propio descanso a su compañía reparadora, siendo consciente de la soledad en que les dejaría. Algunos amigos, no sé con qué intención, le decían que si era ese su pensamiento más le valdría que se cuidara más, que descansara, que mirara más por su salud para que los pobres le tuvieran más tiempo con ellos, a lo que respondía con una humilde sonrisa que el perder la salud o la vida por ellos era su gloria.

En uno de los momentos más sublimes del sermón, el sacerdote va a hacer una distinción en el concepto de dar la vida por alguien. Pareciéndole más sublime que el dar la vida por los enemigos, el de darla por los amigos. Quizás uno puede dar por bueno perder su vida por evitar seguir viviendo con sus enemigos, pero perderla y añadir a ello la ausencia de sus amores era algo diferente. Dar la vida por el amigo, para el orador, es la fineza más acreditada, la más encendida caridad.

Esto fue lo que hizo Pedro Barrantes con sus grandes amigos: los pobres. Quiere tanto tenerlos consigo que acepta que se le conserve la vida, aunque se le dilate la gloria... «pero si en vida es importante para ellos, entonces aunque abrace el tormento de la ausencia, quiere perder la vida por socorrerlos, y en esa pérdida solo siente el dejarlos». Una argumentación propia de la elocuencia jesuítica de la época.

Recordará el orador cómo en 1605 entró en Burgos, Barrantes, con D. Alonso Manrique de Lara, nuevo arzobispo. Debía tener en gran estima a nuestro protagonista, pues a pesar de sus escasos veinte años le confió muchos asuntos de su gobierno, le hizo su limosnero, su maestro de pajes y «le entregó el Sello y Procuraciones de todo lo tocante a la Cámara».

Desde entonces había adquirido una forma de vivir a la que fue fiel el resto de su vida. Iba por las calles tomando información de enfermos y pobres, socorriéndoles conforme a sus necesidades. «Llevaba un criado con unas «aguaderillas» de muchos senos y con huevos frescos, pasas, bizcochos, dulces». Todo para los enfermos. También unos frascos con aguas olorosas, hoy diríamos colonia, con los que atendía a los llagados.

Todas las obras de piedad se le venían a él. De los Niños de Coro cuidó durante muchos años. Tenía a su cargo más de treinta niños expósitos, pagando de su peculio a las mujeres que los atendían. Del seminario de San Jerónimo puso la primera piedra y coronó la obra, aseguró sus rentas y desde el año 1621, ya en el cargo de administrador del mismo, cuidó como un padre de sus colegiales.

Su fama traspasó fronteras a pesar de que su humildad intentaba taparla y el propio Rey le mandó una «de las prebendas más acreditadas de España en jurisdicción, de autoridad, y después de esta un Obispado». Él lo calló y solo se vio obligado a decirlo en secreto a dos prebendados de la Catedral, que casualmente estaban escuchando este sermón funerario ese día, a quien les confió que «cómo podía encargarse de gobernar a otros un ignorante que no podía gobernarse a sí mismo». Sus dos confidentes le traicionaron y lo contaron al mundo para que alabaran esa actitud tan poco frecuente en esos tiempos ni ahora. Esto hizo que en una segunda ocasión se callara que, en nombre de su Majestad, el conde de Peñaranda le ofreciera otro obispado mejor y con más poder. Carta esta que fue encontrada entre sus papeles después de su muerte (probablemente se referirá a las mitras de Yucatán y La Habana).

Hará alusión el orador a la epidemia de hambre de 1629. Enseguida intentó poner remedio, especialmente con los más pobres, creando un Hospital al que llamó «del Refugio», en el cual, a cualquier hora del día o de la noche, se recibía al que llegara dándole cuanto se podía. Lo normal era que pasaran más de trescientas personas al día, y algunas veces más de quinientas. Hizo bendecir un campo para enterrar a los que allí morían, asistiéndoles en sus últimos momentos, y todo ello sin descuidar sus obligaciones. Se le veía por las calles junto a un hombre con un carretón para ir recogiendo a los enfermos. Todos se maravillaban. Se preguntaban de dónde salía el dinero para esa manutención, pero eso no era lo importante, sino cómo hacía para que en torno a él no hubiera problemas ni suspicacias: entre los pobres que eran atendidos, entre aquellos a los que pedía la caridad para estos... Su confianza en la Providencia era total.

Uno de sus pequeños secretos era su prevención. No solo socorría a los pobres cuando lo necesitaban sino que se intentaba adelantar a sus necesidades. Dicho en palabras del orador, se sumaba en él la Providencia y la disposición. Hacía trojes[36] de carbón,

---

[36] Granero dividido en sectores mediante tabiques.

llenándolos en el verano cuando era más barato, para que en el tiempo en el que el clima se hiciera más frío, tuviesen sus pobres el remedio asegurado. Elaboraba una conserva de membrillo para curar alguna enfermedad en concreto, que desconocía el sacerdote, y que la hacía con tanto tiempo de antelación que era añeja de cuatro o seis años.

Recordaba cómo el año de las nieves, que llegaban a tapiar las puertas de las casas, hacía caminos, recorriendo las calles, dando socorro por las ventanas de pan, vino, carne y cualquier cosa que les faltara a todos, sin reparar si eran ricos o pobres. Su caridad no le impedía resbalar como cualquier ser humano, llevándose buenos golpes por culpa de la nieve y el hielo, que encajaba con el semblante risueño y dando gracias a Dios.

En estos aciagos tiempos parecía estar en todas partes, no dejando de asistir tampoco a su visita a los hospitales de enfermos y convalecientes que tenía a su cargo, y a las casas que él había alquilado para pobres y contagiosos, donde les limpiaba las llagas y se las lavaba con sus propias manos, como comentaba el orador. Y a pesar de todo esto tampoco le echaban de menos los seminaristas, o los Niños del Coro, o los expósitos, o los huérfanos, ni los pobres ordinarios a los que regularmente ayudaba. Y siempre con ese talante, como si no tuviera ninguna actividad más que hacer, como si todo el tiempo del mundo estuviera dedicado para cada uno de ellos, sin angustias, ni prisas, como si fueran lo más importante, lo único importante que le quedaba por hacer en el día.

En la plaga de langosta del año cincuenta[37] se ganó la admiración de todos. Dio trabajo y orden de recoger la semilla en un perímetro de más de «dos leguas» de Burgos, dando empleo con ello a muchas familias necesitadas, obteniendo más de dos mil fanegas. A matar la langosta salía él mismo a pie con mucha gente, para la cual llevaba todas las provisiones necesarias, la mayoría de las veces costeándolas él, consiguiendo acabar con dicha plaga. Su ejemplo era un buen abono para seguir haciendo grandes obras, ya que muchos aportaban sus pequeños o grandes ahorros, con los cuales seguía aliviando las penalidades de sus hermanos.

El mejor ejemplo de esto se tenía en el Abad de San Quirce y canónigo de la catedral, D. Jerónimo Pardo, quien viendo cómo contaba con muchos enfermos de cirugía en casas que para ello alquilaba, decidirá sumarse a esta obra y unir su capital para fundar un hospital hacia 1644 (se inauguró al año siguiente), que se puso bajo la advocación de San Julián, obispo de Cuenca y burgalés. Allí se juntaron todos estos enfermos desperdigados y se añadieron más camas.

Un Hospital que ya a la muerte de D. Pedro se conocía con el nombre de Hospital de Barrantes. Aunque también al Seminario de San Jerónimo, se le denominaba Colegio de Barrantes, y a las limosnas que repartía se refería a ellas el pueblo como las limosnas de Barrantes. Pensaba el orador que se conservaría así

---

[37] RR-84. Folios 359. 29-7-1650. «Determina que se haga una procesión el domingo por la tarde al convento de San Agustín para rogar por el fin de la langosta que asola los campos». Archivo Histórico de la Catedral de Burgos.

siempre en la memoria colectiva. Al menos acertó en cuanto al Hospital.

«Todo lo tenía porque todo lo daba». Se recordaba cómo ante el hambre que se pasó en la ciudad el año 1629, todos los varones con posibles, hicieron sus trojes de trigo para socorrerla, y el propio D. Jerónimo Pardo se admiraba de que de la troje de Barrantes, este sacaba más que cualquiera de los otros, para socorrer a cuantos lo necesitasen. No solo no se acababa, como así terminó ocurriendo con la de los demás, sino que parecía que siempre estaba comenzando a sacar trigo de ella, por las existencias que aún le quedaban.

El orador intentará volver a dibujar su imagen en las mentes de los fieles que escuchaban su sermón y les recordará lo agradable que era, lo amable, su apacible sonrisa, sus dulces respuestas, su donaire en el hablar. Su agrado era hechizante en cuantos le trataban, tanto que no querían apartarse de él. Su misericordia…, ampliamente recordada en este sermón. Su juicio, providencia, disposición y acierto con que organizaba todo cuanto emprendía…

Siempre era el mismo, sin cambiar un día respecto de otro. Los que le querían buscar sabían perfectamente dónde encontrarle a cada hora del día. También se sabía o se sospechaba el tiempo que dedicaba a la oración, imprescindible para él. En la oración vocal no fallaba en cuanto a la asistencia al coro, clavado en la silla «tan compuesto que parecía tallado de relieve en ella», «con rostro de Ángel y devoción de Serafín». Fue siempre muy celoso de esta asistencia. Se sabía que dedicaba al menos cuatro horas a la oración mental. Las dos primeras eran por la mañana antes de salir de su cuarto. Lo que haciendo cálculos de su actividad, forzosamente invitaba a pensar que tendría que levantarse a media noche, al margen de rezar «otras muchas devociones y las horas Canónicas hasta nona». Cuando entraba en la Catedral visitaba ocho altares de su particular devoción y esto lo hizo durante cincuenta años a pesar de sus achaques.

En su cuarto para tener su oración se cerraba por dentro. Una vez, según se le había referido confidencialmente al protagonista de nuestro sermón, entró un niño seminarista, justo antes de que don Pedro saliera para la Catedral, escondiéndose en un rincón del cuarto, probablemente con el ánimo de afanarse unos dulces, que este guardaba para sus enfermos. Más allá de cómo sucediera la secuencia de los hechos, el caso fue que el infante esperaba detrás de la puerta a que entrara el santo varón, intentando escabullirse de la mejor manera posible, pero este cerró con llave nada más introducirse en su cuarto porque ya era su tiempo de oración y en esto no perdía un minuto, con lo que no le quedó más remedio al niño que permanecer dentro de la habitación.

Barrantes se puso a rezar con las rodillas clavadas en el suelo del cuarto y en poco tiempo el niño pudo ver cómo se levantaba «como una vara del suelo», transformándose su rostro como el de un Ángel de lo bello que era, estando así largo rato hasta que volvió a la postura inicial.

Cuando escuchó esta historia por primera vez, no es que no la creyera, pero le parecía que el testimonio de un niño no era lo suficientemente válido y menos para contarla en ese sermón ante gente de tanta autoridad. Pero, por lo que se deduce de sus palabras, se ve que para prepararse el discurso quiso volver a hacer averiguaciones sobre el asunto, y una persona de mucha confianza de D. Pedro Barrantes y digna de todo crédito para él, le confirmó la misma, y es más, le dijo que aquel niño de entonces, en esos momentos era un ejemplar sacerdote que cumplía su misión no muy lejos de Burgos y que lo seguía afirmando con tanta contundencia, que aseguraba que lo confirmaría con su juramento cuándo y cómo se le requiriese.

No era el único testimonio, ya que muchas veces le vieron salir de su cuarto, tras esos encierros, con el rostro encendido como una llama, y otras con un semblante tan dulce, agradable y amoroso que parecía que venía del mismo Cielo.

Al margen de este hecho tan sorprendente se podía decir de él que durante los cincuenta y cuatro años que vivió en Burgos nadie se había atrevido a murmurar de él o a calumniarle. Aunque bien es cierto que a lo largo de su vida se topó con seres descorteses, descontentos, que todo lo querían para sí, que algunas veces fueron desatentos con él en acción y de palabra, pero parece que nunca se dio por aludido, como decía en una parte de su testamento que más adelante veremos: «De verdadero corazón perdono a los que me han ofendido y agraviado, si bien no sé quién sean pues de todos ellos he sido tan honrado, que yo soy el ingrato mal correspondiente a tanto amor y bien».

Todas estas virtudes con ser ya muy ensalzadoras de una personalidad sensible al Evangelio, que intentaba ver a Jesús en sus hermanos, no estaban aisladas de su deseo de padecer su cruz, en imitación a Cristo. Y para entender esto hay que centrarse en el contexto de la época, posición que tantas veces se olvida para comprender actitudes que hoy nos resultan más difíciles de asumir.

Pedro Barrantes buscaba también sus propias penitencias: abstinencias, ayunos, disciplinas dolorosas, incluso en sus años de vejez. En los lugares más reservados de su escritorio, al morir, se le encontraron cilicios, cadenillas agudas, «cruces de púas aceradas», todas ellas bañadas en su sangre, a lo que se juntaba el dormir muchas noches en el suelo. Lo que me lleva a conjeturar que era una forma de luchar contra los asaltos del mal que en estas almas tan puras suelen ser tan constantes y terribles, y que solo la Gracia que les acompaña aumentada por sus virtudes les ayuda a vencer. Una Gracia que al morir incrementará su influencia para prodigar sus dádivas a quien se lo solicite.

Tuvo además durante cuarenta años, según se nos dice en el sermón, una enfermedad de orina que le producía dolores e hinchazones terribles, que pocos conocían dada su habitual serenidad en el rostro. También padeció de las manos, en las cuales se le hacían profundas llagas, especialmente en invierno.

Se añadían a estas penitencias, y quién sabe si en relación con ellas, otra virtud hoy tan denostada: su intacta pureza. Él, tan acostumbrado a cuidar enfermos como si fuesen el mismo Jesucristo (habría que haberle visto con la dulzura que lo haría), era muy pudoroso consigo mismo. Cuando se le hablaba de curas sanitarias, especialmente en los últimos tiempos de su enfermedad, quizás se podría asegurar que era la única vez que su semblante se ensombrecía y hasta se enfurecía su carácter, lo cual era rarísimo en él. En la última enfermedad, comprobando los dolores que le causaba la misma, los médicos y los confesores le tuvieron que obligar a que se dejase curar, y al final no le quedó más remedio que permitirlo por cumplir con el deber de obediencia, pero fue con un pequeño pacto: Él mismo se aplicaría las curas y medicinas sin que ninguna persona pudiese jamás llegar a verle.

Jamás permitió que nadie le viese vestirse ni desnudarse; fuera de la cama solo se le recordaba con su hábito largo y cuando tenían que reconocerle en su lecho se le veía muy apurado y avergonzado.

Se contaba una anécdota referente a una mujer, ya muy mayor, que le había designado albacea de su hacienda para que socorriera a los pobres burgaleses con ella. Dª Francisca de Lerma, paseando un día con él desde el Hospital de San Juan, al que dejó su herencia, a la parroquia de San Lesmes, tropezó y cayó. En el intento de ayudar a levantarla, le tocó levemente su mano. Mucho le contrarió interiormente esto. Y a un sacerdote amigo, a quien le refirió la escena, le confesó que era la primera mano de mujer que desde que tenía uso de razón había rozado.

De manos femeninas también era un comentario de otro colega sacerdote que contaba con cierto desenfado que, habiendo visto a una persona disfrazada con cierto traje de penitencia, cubriendo su rostro, sintió la curiosidad de saber si era o no una mujer, ya que lo sospechaba, lo que comprobó al ver (o tocar) que tenía unas manos muy delicadas y muy blancas, a lo que le respondió don Pedro lo siguiente: «Harto valiera más no haberlas mirado».

De miradas también se referirá otra anécdota. En este caso, una enferma a la que atendía el canónigo, quizás para que se compadeciera aún más de ella, le pidió que la viera cómo realmente estaba. Como este no dirigía sus ojos a ella le preguntó por qué no quería mirarla, a lo que el santo varón respondió: «Estoy mirando el hábito eclesiástico que traigo vestido y conozco que no me lo permite». Y es que jamás miró a ninguna mujer a la cara.

Casi llevaba más de dos horas de sermón cuando dijo a los fieles que le escuchaban: «Así pues decimos de nuestro santo difunto Don Pedro Barrantes que por su caridad por sus pobres, por su benignidad con los enfermos, por su asistencia al sustento y buena crianza de los niños, por su solicitud continua en hacer bien a todos, la gloria que goza y gozará por todos los siglos, es premio, y corona de vida de justicia, a tan heroicas y admirables obras».

Sus últimos momentos también son consignados por el orador. Se llegó a tener la certeza entre los que le rodeaban que él sabía a ciencia cierta cuándo ocurriría su óbito. Porque el día antes que se metió en la cama definitivamente, llamó a su escribano para el Codicilio[38] y luego a su confesor y albacea para comunicarles sus últimas disposiciones.

El día antes de morirse, viéndole tan enfermo, le preguntaron si quería recibir la Santa Unción y la absolución por la Bula. Entonces pidió saber en qué

---

[38] Conjunto de disposiciones de última voluntad salvo la institución de heredero o la desheredación; no requiere las formalidades de un testamento y a menudo es una modificación del mismo.

EXTERIOR HOSPITAL DE BARRANTES DE SAN JULIÁN Y SAN QUIRCE
ADPBU-PH-11294 [Archivo Provincial de la Diputación de Burgos]

mes, día y hora estaban y una vez se lo comunica-
ron les dijo que «por la Bula le absolviesen muy en
hora buena», pero que la Santa Unción no se la diesen
hasta el día siguiente, y que él avisaría cuando fuese
el momento. Así se hizo y como se le veía tan enfermo
ya, se le quiso administrar con cierta prisa, a lo que
respondió con gran calma: «Poco a poco, que tiempo
hay para todo». Acabándosela de dar añadió: «Gracias
a Dios, que mi madre la Iglesia me ha dado cuanto
ha podido» y, al instante, perdió el habla y comenzó
a agonizar.

Tomó después un Crucifijo y se abrazó con fuerza a
él dando muestras de gran ternura y devoción según
los presentes, hasta que expiró, en palabras de estos,
como un ángel.

No quiso finalizar aquí el sermón, sino que haciendo algo inusual en esta clase de ceremonias, sacó un
papel que leyó a los presentes, que no era otro que
el propio testamento de D. Pedro Barrantes, su testamento espiritual, al que me referiré un poco más
adelante, y que es una pieza de gran espiritualidad
que corroboraba cuanto llevaba dicho el orador en
esas dos horas largas de sermón que yo he resumido
cuanto he podido, ciñéndome a lo que se refería del
personaje.

4. EL SERMÓN DE FRAY BAUTISTA DE LOYOLA

Tras esta homilía, en el libro que encontró D. Eloy García de Quevedo y Concellón, hallamos datos que hacen referencia a la celebración eucarística que tendría lugar en San Gil unos días más tarde, donde se dan más detalles sobre la decoración de la iglesia para el acto y sobre la asistencia de sacerdotes, religiosos y nobles que, junto con el arzobispo, escucharon un nuevo sermón, esta vez a cargo de Fray Juan Bautista de Loyola, franciscano, mucho más breve que el anterior, donde hace una comparación entre Moisés y Pedro Barrantes y en el que solo me ceñiré a lo referido a nuestro protagonista que, obviamente, nos resultará algo repetitivo, pero que a mi modo de ver no iguala al anterior en profusión de datos concretos. Podríamos decir que este los refuerza y nos lleva a la sospecha de que estamos ante un verdadero santo, sobre el que por insondables misterios no se despertó la devoción entonces, esperando que pueda surgir casi cuatro siglos después.

En el inició de su discurso necrológico afirmará con rotundidad que todo lo que hizo D. Pedro Barrantes fue «una sombra de santidad: su humildad profunda, su oración ferviente, su penitencia austera, su pobreza suma, su condición afable» y su caridad con los pobres tan extrema.

Comentará cómo en 1653 envió el Rey de España a D. Pedro Barrantes cédula del Obispado de Yucatán, en las Indias, al que humildemente renunció. Lo mismo hizo con el de la Habana al año siguiente, como se constató después de muerto, ya que no quiso compartir esta información con nadie. En 1648 le había enviado el título de Administrador General del Hospital Real de Villafranca, pensando que como había hospital y pobres iría el santo varón, pero también renunció, porque allí solo existía un Hospital y en Burgos había más que corrían por su cuenta como el de San Julián, el de los niños expósitos, o el del Seminario. Pero hubo algo más, aquella administración real llevaba unida a ella «jurisdicción como vasallaje» y esto su humildad no lo podía admitir, aunque no lo reconociera como tal.

Se remontará el orador a su infancia, afirmando que desde que tenía diez años hacía oración ferviente y mortificaciones corporales, tomando en edad temprana el hábito de la tercera Orden de Penitencia de San Francisco, cuya regla guardó toda su vida, acompañándole el hábito hasta la sepultura. Cuando tenía veinte años, D. Alonso Manrique de Lara, arzobispo de Burgos, le hizo su limosnero conociendo su amor a los pobres, y un Canónigo, que no le conocía de nada, solo por verle tan virtuoso y devoto le dio la Coadjutoría de su canonicato.

Para enterrar a sus pobres compró muchas sepulturas. Sin embargo, andando tan liado como estaba con las obras del Seminario, el hospital de San Julián o los niños expósitos, en más de cincuenta años que fue prebendado no pensó en un nicho para sí mismo. No se conocía que en su vida se hubiera dado un pequeño capricho, ni siquiera gastronómico, como un pollo o una trucha, pero para los pobres todo le parecía poco. Compraba las aves, las conservas, los bizcochos. Su vestido, que por fuera era decente, por dentro era pobrísimo. Las alhajas de su casa, dirá el orador, eran unas paredes sin ornato, sin pinturas, ni láminas, ni escritorios. Uno se halló después de su muerte y con «alhajas» llenas de sangre: cilicios y paños con los que limpiaba sus heridas para que nadie viese lo que se mortificaba. Su cama era de lo más pobre y humilde, no digna de un canónigo.

Padecía de una enfermedad de las manos, como vimos en el anterior sermón, que hacía que las tuviera llagadas y abiertas, lo cual no dejaba de ser una analogía con su desprendimiento. Todo dinero que le llegaba enseguida lo invertía en sus pobres, o para mayor gloria de Dios en los niños y niñas que tenía en casas particulares, en la obra del Seminario, poniendo quinientos ducados de su peculio, o dejando como heredero al Hospital de San Julián y San Quirce, sin pensar en su familia, confiando en que Dios como Padre cuidara de sus sobrinos, considerando que así tendrían un más seguro mayorazgo. Era algo difícil de ver en tantos eclesiásticos y seglares que principalmente intentaban dejar bien confortados a sobrinos e hijos, sin preocuparse de cumplir con sus deudas. El lema de Barrantes era todo para los pobres, nada para sí ni para los suyos.

El orador le recordaba siempre por las calles, con el calor del verano y en invierno con abundante nieve, con aguas, hielos y barros. Solía acompañarle un criado, que le ayudaba a levantarse cuando se resalaba por el hielo, y él con cara de risa, mientras se incorporaba decía: «Gracias a Dios que me ha dado ocasión para tener qué ofrecerle. Vamos, vamos que no es nada, sea por amor de Dios».

Especialmente, cuando poco a poco le iban cayendo los años y el clima burgalés se endurecía en extremo, muchos le animaban a que encargara a otros el buscar por las calles a los pobres para socorrerlos, pues estaba poniendo en riesgo su vida que tan importante era para esos mismos pobres y necesitados. A lo que él respondía: «Pues ¿en qué mejor ocasión puedo yo perder la vida que en servicio de los pobres? Déjenme morir en esta ocupación tan del gusto de Dios».

Cuando entraba en el Hospital de San Julián, se abrazaba con los llagados, les limpiaba sus llagas, arreglaba la cama del tiñoso, del leproso, les daba de comer. De igual modo se le advertía que algunas de esas enfermedades eran contagiosas y que podía perder la vida y él les contestaba: «No me priven de este ejercicio que aunque tuviera cien vidas, todas las perdiera gustoso en beneficio de los pobres».

El sermón acabó con estas palabras que se explican por sí mismas: «No murió, amigos míos, Don Pedro Barrantes: murió en los brazos de Dios, por su palabra. Más vivo le tenéis que antes. ¿No es cosa rara lo que sucedió en la muerte de este siervo de Dios? Quisiéronle retratar después de muerto, y juntándose los mejores pintores de esta ciudad, ninguno acertó a retratarle. ¿Más cómo le habían de retratar muerto, si estaba vivo en los brazos de Dios? Allí le hallaréis, padre piadoso, compasivo, misericordioso y ejercitando en la presencia de Dios la piedad que usó en esta vida con nosotros».

5. SU TESTAMENTO

En estos dos sermones anteriores hemos podido comprobar lo que opinaron personas muy cercanas a él o quienes estuvieron próximos a él y que se documentaron en el momento para hacer una fiel semblanza del mismo, o escuchar a aquellos que también le habían conocido y tratado y que no podían ni exagerar ni limitar sus virtudes sino situarlas en un contexto vital y en una evolución hacia la perfección, dejando entrever que quizás se había convivido con un hombre excepcional, un verdadero santo, de esos que solo parece que existen en los altares, pero que realmente pasan junto a nosotros sin que muchas veces seamos capaces de reconocerlos como tales.

Hay un testimonio mucho más directo que es el del mismo Pedro Barrantes y que se expresa en sus últimas voluntades. El documento tiene fragmentos que nos dan la verdadera dimensión espiritual del personaje, y nos hacen comprender mejor lo que intentaban transmitirnos los autores de aquellos sermones.

Dice textualmente:

«Primeramente y ante todas cosas, protesto, quiero y deseo morir en la verdadera fe que tiene y profesa la Santa Iglesia Católica Romana, y según ella, creo firmemente y como verdad infalible, todos los artículos de la fe y todo lo contenido en la Sagrada Escritura y todo lo que cree y tiene la Santa Iglesia, según la declaración de los Santos Doctores de ella, y condeno y repruebo todas las herejías, errores y sectas que de ella se aparten.

Protesto que en virtud de esta fe y con el favor de la Divina Gracia, espero firmemente y confío de alcanzar la gloria eterna, por los méritos de mi Señor Jesucristo, cuyo nombre Santísimo es siempre la alegría de mi corazón, que por muchos y grandísimos que sean mis pecados, nunca desconfié del perdón de ellos, estando como estoy cierto que una sola gota de su preciosa sangre, es bastante para satisfacer por todos los pecados del mundo.

Protesto que si acaso por mi pusilanimidad y temor del tremendo Juicio de Dios, o por las fuerzas de las tentaciones del Demonio o por enfermedad y flaqueza de juicio y sentido, lo que Dios no quiera, cayere en alguna desesperación o duda en la fe y esperanza que he protestado, desde agora, estando en mi entero juicio, lo revoco y desdigo y doy por ninguno, y protesto que no procederá de sano juicio ni ánimo deliberado y me remito a la fe y esperanza de la Santa Iglesia Católica y totalmente me someto a ella.

Protesto que deseo amar a Dios sobre todas las cosas, como Él manda y merece ser amado y quisiera haberle amado siempre, con toda la caridad que le aman los espíritus Angélicos y todos los

Santos del cielo y de los justos de la tierra y me huelgo que todas las criaturas le amen, y me pesa de todo corazón de lo que he faltado obligación, y de todas las veces que le he ofendido y quebrantado los Santos Mandamientos, y esto por ser solo de verdad y bondad infinita, y merecer ser amado y reverenciado de todas las criaturas.

Confieso que me sujeto y conformo, entera y perfectamente, con la divina voluntad, para que haga de mi lo que fuese servido en tiempo y eternidad, y no quiero vivir un solo punto más de lo que quisiere, y desde agora de muy buena gana acepto la muerte, y suplico a su Divina Majestad, me conceda acabar con verdadera contrición, y alcanzar su misericordia y el perdón de mis pecados, por los méritos de la Pasión y Muerte de mi Señor Jesucristo, y por la virtud de su preciosa sangre, y por los méritos e intercesión de la Santísima Virgen María, su Madre, y todos los Santos escogidos; y por los mismos méritos le suplico con la mayor humildad que puedo, me quiera contar en el número de los que le han de alabar y gozar en la eterna bienaventuranza, aunque yo pague todas las penas de que fuere servido en el Purgatorio, con tal que no sea excluido para siempre de su gracia y amistad.

Protesto que deseo amar a mi prójimo como a mí mismo, en la perfecta caridad que Nuestro Señor me manda que los ame y desde aquí pido perdón a todos así a los presentes como ausentes, de todo aquello que les he ofendido o escandalizado. Y asimismo, de verdadero corazón, perdono a aquellos que me han ofendido y agraviado, si bien no sé quienes hayan sido, pues de todos he sido tan favorecido y honrado, que yo soy el ingrato mal correspondiente a tanto amor y bien como he recibido.

En el servicio de los pobres he cometido mil millones de faltas; habiéndome hecho Nuestro Señor tan singular merced de haberme inclinado a servirles, no les he acudido con la puntualidad y caridad debidas; amor les he tenido y deseo de morir en su servicio, del cual deseo no me apartar mientras viviese y Dios me diese fuerzas para ello por si pudiera enmendar los defectos pasados. A los pobres atribuyo los bienes que Dios me ha dado sin merecerlos, y confieso ser suyo lo que tengo, pues mis méritos ni partes no lo han adquirido ni mi industria,

Vos, Dios mío y de todo mi consuelo, liberal y francamente me habéis socorrido, y por vos he sido estimado; qué gracia os daré por esta inclinación que me habéis dado. ¿Cómo no negaré a todos mis deudos por los pobres, si conozco que para ellos y por ellos he tenido lo que no he merecido? ¡Qué queríais vos, Señor, comer por mi mano, que os visite y socorra en la cama, que sea instrumento y parte para curaros las llagas y otras enfermedades! ¿Esto no es amor? Quien lo puede dudar; pues estimáis tanto a los necesitados que decís que lo que se hace por cada uno de ellos, se hace por vos.

Amigos y Señores míos, no puedo dar mejor consejo que exhortaros a que busquemos a Dios entre sus pobres; cuanto más llagados y desamparados, más Dios; ni se consume la hacienda, antes crece; ni falta el tiempo a otras obligaciones, antes se ajusta de manera que le hay para sacudir a las obligaciones caseras y falta para entretenimientos ociosos y que traen grandes peligros de perder a Dios.

Pésame sumamente de no haber cumplido con las obligaciones del Altísimo Ministerio del Sacerdocio, a que la Divina Providencia me ha levantado; de las muchas faltas y defectos que en su celebración he cometido, y del mal ejemplo que he dado, debiendo por tantos títulos darle bueno; y quisiera haber tenido una vida inculpable y un espíritu fervoroso, para llegar con alguna decencia al tremendo sacrificio de la Misa: ¡oh, Señor, cuánto he faltado en esto! Esto no es tratar de dar cuentas; la hacienda ahí se queda; espero en vuestra bondad no he de deber nada a nadie, ni tengo que restituir cosa alguna que sepa a mis administraciones; antes todas me deben lo que de derecho me tocaba. A vos, Señor, es a quien no puedo pagar, ni me hallo con una blanca de merecimientos, para en cuenta de infinitos favores y mercedes de que vos tengo recibido, y de las gravísimas culpas que contra vos he cometido.

¡Dulce Jesús, volved a mí, pues tan misericordioso y liberal habéis andado conmigo en vida! Ofreced a vuestro Eterno Padre, el tesoro infinito de vuestra Pasión y Muerte; representadle lo mucho que os ha costado.

¡Madre de Misericordia, María Santísima, no me falte en esta hora ni a las que mi Dios me diese de vida, vuestra intercesión! Suplicoos esta merced, Señora Mía, por el dolor que atravesó vuestro virginal corazón, cuando en el Monte Calvario, en vuestra presencia, los crueles Sayones, con rabiosa crueldad, despojaron de sus vestiduras a vuestro amado hijo y con la misma le tendieron en el Santísimo madero de la Cruz, en que con la misma rabia y crueldad le enclavaron, descoyuntando los Santísimos miembros, tirándoles con duros cordeles hasta llegar a los lugares señalados para clavar sus manos y píes.

¡Ángel de mi guarda, no me desamparéis en esta hora, pues en ninguna de la vida me habéis faltado! Perdonadme lo mal que he atendido vuestras inspiraciones, y lo poco que he correspondido a lo mucho que os debo. Defendedme de este continuo adversario, no se gloríe de que en el trance más apretado y último ha salido vencedor.

Santos míos, socorredme, que si bien con tibieza y poco espíritu, he tenido continua memoria de invocar vuestros sagrados nombres, alegrándome de vuestros gloriosos trofeos».

Esta primera parte del testamento correspondería a una declaración de amor a Dios. Posteriormente, el testamento adopta otra visión más material. En él, por ejemplo, pedirá que se le entierre en la Catedral, pero renunciando a los fastos que le corresponden como canónigo; y así, en vez de ser llevado su féretro por capellanes de número, lo hagan ocho pobres a los que se les dé una limosna por tal servicio (dos reales y se les pareciera poco, cuatro). Además, a la puerta de su casa se deberían distribuir ciento cincuenta reales en limosnas y a los pobres vergonzantes, doscientos. Y otros doscientos para sacar a un pobre de la cárcel que esté en ella por deudas, a ser posible, labrador.

Sin entrar en aspectos pecuniarios, el Seminario fue uno de los beneficiados de los patrimonios que administraba. Y no podía faltar el acordarse de algunos amigos para los que destinará un dinero para que se celebraran misas por ellos: Al arzobispo D. Alonso Manrique, treinta misas rezadas, al arzobispo Fernando de Acebedo, cincuenta, al canónigo Dosal, propietario de su canonjía, cien; a Tomás de Godoy, íntimo amigo suyo, cien misas y a D. Gregorio Pascual «cantor» de la Catedral, quien le ayudó mucho, ochenta.

Dará las gracias a los arzobispos por las administraciones, canonicatos y capellanías de las que había gozado durante tantos años reconociendo, «aunque no como debiera ser», misericordia de Dios, que cuando le vio más desamparado y falto de méritos, tanto más se cuidó de ampararle con dinero y crédito, agradeciendo también la liberalidad con la que fue tratado por sus superiores, lo que le había permitido dedicarse a cuidar de los enfermos y dentro de estos a los más desamparados.

Reconocerá en el testamento que la falta de servicios quirúrgicos que había en la ciudad era tan grande, que le daba pena lo mucho que padecían tantas personas cuyos males no podían ser atendidos en los pocos centros sanitarios que entonces tenía Burgos. Esto le llevó a poner algunas camas hacia 1627 en una casa particular. Por fin, en 1643, con el legado de Don Jerónimo Pardo, se pudo poner en marcha el Hospital de Cirugía. En su testamento dejará, después de cumplidas sus diferentes disposiciones, por universal heredero a dicho hospital, calculándose que al morir le había transferido cuatro mil ducados de renta.

Esta era la razón por la que a sus sobrinos no les legó nada, fiándose de que la Providencia les ampararía; aunque a su hermana monja, María, que estaba en el convento de Nuestra Señora de los Remedios de Alcántara, el Hospital, su heredero, debería dar cada año, mientras viviera, doscientos reales.

Al Colegio de Mozos de Coro le perdonaba la deuda, que tenía contraída con él, de cincuenta mil maravedís y le añadía otros veinticuatro mil para sustitución de camas y para ropa.

Obviamente, deja cosas materiales y dinero a personas e instituciones, pero sería demasiado prolijo hacer una enumeración de las mismas, lo que no aporta más a la figura y virtudes de nuestro biografiado y, en todo caso, lo que se perfila es una personalidad muy organizada, muy previsora; un hombre cabal, en definitiva, que sabía ahorrar, administrar e invertir solo con el fin de atender a las necesidades de todos, especialmente de los más necesitados, sin preocuparse por él. Hoy le dejaríamos al frente de un fondo de inversión con la seguridad de obtener una buena rentabilidad, si no fuera porque seguramente nos convencería que lo dejáramos todo, el principal y los beneficios, para los últimos de los últimos de nuestra sociedad, lo que desde nuestra conducta tan avara no se vería con los ojos tan bondadosos de don Pedro.

La primera parte de su testamento la terminó de escribir el 17 de mayo de 1647, reanudándolo el 27 de marzo del año siguiente. Introdujo algunas disposiciones el 31 de mayo de 1653 y, definitivamente, el 6 de julio de 1658, hizo su codicilo o definitiva voluntad. En este cambia algunas decisiones. Por ejemplo, ciertas propiedades que tenía en Quintanaortuño y que cedía a los capellanes de la capilla de la Natividad de Nuestra Señora, prefiere que pasen al Hospital de San Julián y San Quirce. Y respecto a las misas que había mandado decir a algunas personas de su cariño, pide que se digan la mitad de las fijadas porque ya les había dicho muchas en vida

También hablará de una casa que había comprado «junto a la puerta de santa Gadea» en la que albergaba a niños y niñas expósitos a los que sustentaba él mismo con su patrimonio y con algunas limosas que percibía y, por si acaso, con su muerte, este albergue desaparecía al no tener una renta fija con la que financiarse, lo que le parecía muy posible, pedía que esa casa con todo lo que contuviera pasara al Hospital de san Julián y san Quirce. Parece como si esta fuera una obra pía del Cabildo, pero que por de pronto financiaba Barrantes, pues los cuatro mil reales que se le debían los da por bien empleados y no pide que se le restituyan a su heredero, el Hospital, y además la da 200 ducados. Eso sí, señalará que esta institución cumple una de las mayores necesidades que tiene la ciudad. Al parecer, posteriormente, el Cabildo consiguió que las obras pías del arzobispado socorriesen a los expósitos con la quinta parte de sus rentas en un plazo de diez años.

Sus últimas disposiciones, como apunta acertadamente el Sr. Correal, fueron otorgadas, casualmente, treinta y tres días antes de su muerte, y se refirieron a

la infancia, en dos dimensiones: huérfanos y abando-
nados al nacer.

No deja de ser un documento bien pensado, en
una mente tan organizada como la de D. Pedro, con
la tranquilidad de conciencia de quien a pesar de sus
muchas administraciones de patrimonios ajenos no
tenía nada que restituir, como dirá textualmente, sino
al contrario, había obtenido «voluntarias pérdidas»,
reconociendo que habría tenido muchos descuidos en
lo temporal y muchos más en lo espiritual, suplicando
a «Dios, Nuestro Señor por su infinita bondad se sirva
de perdonármelos, que yo quisiera haber andado más
cuidadoso en la educación de esta juventud, que ha
tantos años que corre por mi cuenta y haberles dado
mejores ejemplos».

6. DOS MOMENTOS «EXCEPCIONALES»

Fue depositado el cadáver, al parecer provisionalmente, en uno de los arcos de la capilla de la Virgen de los Remedios sobre otro sepulcro; en un nicho, apuntará el Sr. Correal, groseramente construido con madera y ladrillos y cubierto de yeso, sugiriendo quizá que estaba previsto darle una sepultura de más ornato, pues otras personas con menos importancia en la vida de la ciudad gozaban de un buen sepulcro de piedra.

El mismo Sr. Correal no se explicaba que fueran pasando los años y sobre esta figura tan llorada y recordada cuando murió, se fuera tejiendo un muro de silencio, hasta el punto en que desapareciera el mismo recuerdo de dónde estaba enterrado.

Así pasaron dos siglos. Nadie se preguntaba dónde estaba el cadáver de uno de los fundadores del Hospital de San Julián que cumplía a la perfección con su cometido. Incluso su imagen parecía que se había difuminado de la memoria de los burgaleses. Su sepultura provisional se había convertido en definitiva. Fue entonces cuando en una reforma que se hizo en la capilla, y gracias a la curiosidad del canónigo fabriquero, se hizo aplicar la piqueta sobre una de las paredes, quizás sabedores que escondían algún secreto desconocido.

La sorpresa vino cuando al descubrir un féretro forrado en terciopelo negro y «guarnecido con galón de plata», y alzar la tapa, vieron el cuerpo INCORRUPTO de un sacerdote, y hechas las pesquisas adecuadas, se supo que ese cuerpo pertenecía a Don Pedro Barrantes Aldana.

La persona que dio la orden de investigar aquel misterio que se escondía tras esa pared fue el canónigo D. Manuel Pino, quien junto al administrador de Barrantes y diez testigos, dignos de toda consideración, examinaron el hallazgo en la mañana del 25 de agosto de 1856, sorprendiéndose del buen estado de conservación.

«Reclinada la cabeza sobre dos ladrillos de canto, dejaba perfectamente visible una oreja sin la menor deformidad, las manos calzadas con guantes morados, sujetas con un trozo de cíngulo, y cruzadas sobre el pecho en actitud devota; el alba de finísimo encaje, sin mácula ni destrucción alguna; la casulla de percalina azul, tan joyante como nueva; camisa de lienzo remendada, certificando una humilde vocación, y zapatos gruesos, sin que tales prendas de naturaleza putrefactiva hubieran sufrido, en su encierro secular, alteración o detrimento en la sustancia. **Una palma** rizada, ofrenda póstuma a la virtud hierática, se encontró inmarcesible (sin marchitar) al lado derecho del cadáver, y al izquierdo un cáliz con patena y vinajeras que conservan, según el acta capitular, la refulgencia del metal de que se hicieron».

El acta capitular de 29 de agosto de 1856[39] está por entero consignada a la minuciosa narración del descubrimiento de los restos de Barrantes: contiene dos apostillas, la primera de las cuales dice: «Hallazgo del cadáver del Sr. Barrantes» y la segunda, pocas líneas después, «Don Pedro Barrantes». Su texto es como sigue:

«El señor Pino como fabriquero dijo: del Registro 85 de Actas capitulares, folio 138 vuelto y 139 como de otros documentos que a tiempo serán exhibidos, consta que habiendo fallecido el 9 de agosto de 1658 con fama de santidad el canónigo de esta santa iglesia Don Pedro Barrantes, metido su cuerpo en un ataúd cubierto de terciopelo y tachonado, se depositó en calidad de por ahora al lado de la epístola del altar de la Virgen de los Remedios en uno de los cuatro arcos existentes a la derecha según se entra en la Capilla del Santísimo Cristo.

Hay en estos arcos sólo tres sepulcros, todos magníficos, con sus inscripciones nominales bien claras; y sobre uno de estos (el arco 3°) un nicho de ladrillo y madera cubierto con yeso, sin adorno exterior ni letrero alguno.

Con motivo de la obra recientemente emprendida para la reparación y ornato de la Capilla, no sabiendo lo que podría contener este nicho, creyó conveniente hacerle abrir y reconocer: y habiéndose procedido a ello en la mañana del

---

[39] RR-142. Folios 538v-546. 29-8-1856. Archivo Histórico de la Catedral de Burgos

25 del actual, a presencia suya, fue hallado en él con gratísima sorpresa el cuerpo del referido señor Don Pedro Barrantes dentro del ataúd forrado con terciopelo negro, guarnecido de galones plateados y tachonados, con bonete a la cabeza, que se halla reclinado sobre dos ladrillos puestos de canto; guantes de piel color morado claro en las manos y atadas estas por un trozo de cíngulo; a su lado derecho una palma rizada y al izquierdo un cáliz con patena y vinajeras de plata de hoja, casulla y manípulo de percalina azul, y alba con encaje delicado muy estrecho; camisa de lienzo remendada y zapatos muy gruesos. Para lograr descubrir más pronto las manos, un criado de la Iglesia rompió con un cortaplumas el trozo de cíngulo y los guantes. Por descuido involuntario se rasgó y quedó dividido en dos partes el manípulo.

Creyéndolo muy del caso dio aviso el señor fabriquero desde un principio al señor Gamonal, administrador actual del hospital llamado de Barrantes y se presentó al instante. Diez testigos fidedignos cuya nómina está pronto a presentar vieron juntamente con los señores Gamonal y Pino, que el cuerpo venerable del señor Don Pedro se mantiene todavía entero; y que a excepción del bonete completamente destrozado y de una tabla del ataúd bastante carcomida, se conservan también sin deterioro alguno o con perfecta integridad tanto las vestiduras e insignias sacerdotales como todos los demás efectos y objetos de suyo fácilmente destructibles ya descritos. Transcurridos como tres cuartos de hora, cerrado el ataúd sin haber extraído nada de él y dejándole donde y según antes estaba, se volvió a tabicar el nicho, sin haber hecho por ningún estilo alteración alguna.

He creído un deber (añadió el señor Pino) ponerlo todo en conocimiento del cabildo, tanto para su satisfacción como para los efectos oportunos. El cabildo quedó enterado de cuanto acababa de manifestar el señor Pino y nombró en comisión a los señores Maestrescuela y San Millán para que oyendo a los señores Gamonal y Pino hagan relación de todo a su Ilustrísima, a fin de informar y dar conocimiento oficial del hecho al Excelentísimo Prelado para que se sirva tomar las disposiciones que juzgue convenientes».

Sorprende un poco la frialdad con que se describe un hecho a mi modo de ver impactante, salvo que se creyera que la Catedral tuviera una serie de condiciones para la conservación de los cuerpos ya reconocidas y, por lo tanto, no resultara extraño la incorruptibilidad de uno de ellos.

Sorprende aún más por las virtudes que se le imputaban a ese hombre cuando fue enterrado, que parecían casi desconocidas a mediados del siglo XIX. Quizás había podido ser un bienhechor como tantos tuvo la ciudad pero, en el fondo, un hombre más como tantos de nosotros, con más defectos que virtudes. ¿Qué hubiera acontecido si ese hallazgo se hace en pleno siglo XXI coincidiendo con el centenario de la Catedral? Quién sabe, a lo mejor hubiera sido una molestia, y rápidamente, como entonces, se hubiera dejado todo como estaba, sin indagar en la vida y virtudes del difunto.

Sospecho que detrás de todo esto está una petición hasta ahora atendida del santo varón por la Divinidad de permanecer en la misma humildad en que vivió después de muerto. Incluso, y esto es conjetura, esa insistencia le llevó a pedir que fuera descubierto su cadáver para que su contagio con los elementos ambientales y la escasa pericia de los «descubridores» ayudaran a corromperse definitivamente al mismo. Tengo la sensación de que hubiese ofrecido su postulación a los altares con todo lo que eso significa de honor, por alguna causa que beneficie a los que hoy vivimos en Burgos o vivieron en los siglos posteriores a su defunción. Un último acto de caridad.

Algún tiempo después de la muerte de Pedro Barrantes, en una reunión del Cabildo del 3 de diciembre de 1708[40], el canónigo D. José Calderón propuso que habiendo muerto nuestro biografiado con fama de santo, podría ser interesante reconocer su cuerpo e iniciar algún tipo de investigación sobre su obra y virtudes, con el fin de iniciar un proceso conducente a hacerle llegar a los altares. El Cabildo, en principio, se mostró partidario de aceptar y estudiar la propuesta, pero un silencio inexplicable hizo que durante más de cien años no se volviera a hablar de Barrantes.

---

[40] RR- 94. Folios 484-487. 3-12-1708. «José Calderón del Castillo, canónigo, propone que, habiendo muerto Pedro Barrantes Aldana, en opinión de santo, sería conveniente reconocer su cuerpo y hacer las diligencias precisas para registrar sus obras y virtudes». Archivo Histórico de la Catedral de Burgos

Reconoce D. Eloy García de Quevedo y Concellón que respecto a la memoria de Barrantes se mezclan grandes entusiasmos junto a olvidos impensables.

Entre 1728 y 1730 el burgalés Fray Bernardo de Palacios escribirá una «Historia de la ciudad de Burgos» en la que hablará de Barrantes, y al margen de referirse a sus obras de caridad, dirá que la ciudad ya en vida lo veneraba como Santo. Sin embargo, el P. Flórez en su «España sagrada», solo lo menciona de paso al hablar del Hospital de San Julián. Y ya en el siglo XIX, Rafael Monje, en su «Manual del Viajero en la Catedral de Burgos» ni siquiera lo nombra.

El descubrimiento del cuerpo incorrupto podría haber llevado al Cabildo a retomar sus pesquisas con el fin de elevarle a los altares, pero nada pasó. Del descubrimiento de su cuerpo se hace eco en su «Historia de la Catedral de Burgos», D. Pedro Orcajo. En la quinta edición de 1865 se habla de que en el lugar donde estaba enterrado D. Pedro Barrantes, realmente había dos enterramientos: el del señor D. Juan de Serra, como lo manifestaba un epitafio incrustado en el centro y el del Venerable Barrantes, el cual se hallaba sepultado «sobre la piedra sepulcral de dicho señor Serra», lo que denotaba el carácter provisional de su sepultura.

En 1892, el ayuntamiento emprendió la labor de aislar o despejar de edificaciones a la Catedral, derribando algunas casas de la calle de Lencería, hoy de Cadena y Eleta. Esta era una calle estrecha, a través de la cual se llegaba a la puerta principal de la Catedral, atravesando unos arcos que se conocían popularmente como «el Portal de la leche», por donde se subía a la plaza de Santa María. Al desaparecer esas edificaciones aparéció la fachada de la «capilla de los Remedios o del Cristo», nada artística por otra parte.

El 9 de agosto de este año[41], D. Eloy García de Quevedo, coincidiendo con el aniversario del fallecimiento de Barrantes avisaba que había que tener cuidado cuando se aseara el aspecto de la Catedral. Al haber derribado esas casas de la calle de Lencería era muy probable que hubiera que construir de nuevo el muro de la capilla del Cristo, temiendo que al derribarle se perdieran entre los escombros los restos de D. Pedro de Barrantes.

Recordaba el olvido y abandono de estos que estaban sobre los restos de otro canónigo, de mucha menor importancia que él, y cuyo nombre estaba grabado en piedra sobre el arco que a los dos les cobijaba. Solo se distinguía su tumba por la inscripción de su ataúd como se había visto cuando fue «redescubierto», y constatado con los datos que se tenían de sus funerales: «La muerte temporal no oscurece a la caridad que llega a perpetuarse».

D. Eloy proponía en este artículo que se intentara recuperar su cuerpo y enterrarle con dignidad en la capilla del Seminario, que acababa de ser inaugurada, o en la del nuevo edificio que tendría el Hospicio Provincial.

La capilla del Cristo fue objeto de una gran reforma, limpiándose sus muros y bóvedas, haciendo un nuevo retablo, abriéndose unos ventanales góticos,

---

[41] Diario de Burgos. 9-8-1892.

SEPULCRO DE D. PEDRO BARRANTES ALDANA
ADPBU-VS-12336 [Archivo Provincial de la Diputación de Burgos]

encargándose ya en 1894 al arquitecto D. Vicente Lampérez, quien dirigió toda la obra, del proyecto del sepulcro.

Cuando estuvo terminado, el 10 de septiembre de 1895 se abrió el antiguo nicho, sacando el ataúd para trasladarle a su nuevo mausoleo. D. Eloy fue testigo gracias a que le avisó el canónigo archivero, D. Felipe Pereda, quien le comentó que se iba a realizar, muy reservadamente, la traslación de sus restos.

En la Capilla del Cristo se habían reunido la mayoría de los miembros del Cabildo y algunos curiosos, viendo como el panderete de ladrillo que cubría el ataúd de Barrantes caía a golpes de la piqueta, siendo trasladada la caja a la inmediata capilla de la Presentación, conocida popularmente como la de San José, donde solo se había permitido la entrada al Cabildo. Una vez colocada sobre la mesa se había abierto, pudiéndose ver el cadáver bastante bien conservado, vestido de casulla, apoyada su cabeza sobre dos ladrillos puestos de canto.

Recordaba D. Eloy la emoción que sintió entonces cuando vio el excelente estado de conservación, según sus palabras, del cadáver, pues apenas le faltaba del rostro sino una parte de la nariz. Recordaba asimismo los tosquísimos zapatos con gruesas suelas que estaban enteros, y su venerable cabeza, un tanto inclinada hacia el lado derecho.

Unos días después escribiría un extenso artículo en el Diario de Burgos[42] en el que mostraba a los bur-

---

[42] Diario de Burgos 14-9-1895

galeses los resultados de la restauración de la Capilla, poniendo un pero a la tumba de Barrantes, y es que tuviera la inscripción en latín, lo que de alguna manera podría impedir a las personas poco versadas conocer la dimensión del personaje que estaba allí enterrado y que, por fin, después de tantos años, adquiría un pequeño protagonismo, aunque no el merecido por todas las virtudes que hemos ido viendo en el biografiado.

De la traslación de los restos tenemos un texto que voy a reproducir íntegro, aunque algunos datos ya les hemos visto al hacer referencia a la primera vez que se descubrió el cadáver, y otros han sido aportados por el Sr. García de Quevedo.

> *«Traslación de los restos del Sr. D. Pedro Barrantes Aldana, canónigo que fue de esta S.I. Metropolitana al sepulcro construido en 1895». (Informes de un burguense (sic), testigo presencial».*

> Los restos del Sr. D. Pedro Barrantes Aldana, Canónigo de esta Santa Iglesia, señor de relevantes prendas y de acrisolada caridad, como lo atestiguan los actos de su vida y el acta capitular de 21 de agosto de 1658 (fue el día 10), día en que se dio cuenta de su fallecimiento, se hallaban colocados de una manera provisional sobre otro sepulcro en el arco cuarto de la derecha de la capilla del Santísimo Cristo, contando los arcos desde la puerta de dicha capilla hasta el altar mayor. En dicho arco se hallaron en 1856, como dice el acta capitular de 23 de agosto de dicho año (día 29), en la cual se dan pormenores del estado del cadáver, de sus vestiduras y de la caja donde fue encerrado.

Este Cabildo, que siempre ha conservado grata memoria de la edificante vida del Sr. Barrantes, cuyo nombre se pronuncia con respeto por todos los habitantes de Burgos, se ocupó en varias ocasiones de sacar del lugar provisional en que fueron depositados los restos de tan respetable Capitular, impidiendo diversas circunstancias, ajenas al mismo Cabildo, la realización de tan laudables y justos deseos; pero reconocidas las dificultades, y de acuerdo con la autoridad de señor Vicario Capitular, procedió el Cabildo en 1894 a encargar al señor Arquitecto, D. Vicente Lampérez, profesor de Arquitectura en la Escuela de Madrid, la formación del diseño de un sepulcro decoroso para encerrar en él los restos del Sr. Barrantes.

Aprobado el diseño del Sr. Lampérez, este señor por encargo del Cabildo y conforme al boceto presentado por el Sr. Alcoverro, de Madrid, encomendó a este la construcción de la estatua del ángel, emblema de la caridad, que hay en dicho sepulcro, se contrató el resto de la obra con el maestro D. Pablo Romero Zamora, hijo de esta ciudad, quien habiéndola hecho ejecutar en sus talleres con el mayor esmero, ateniéndose a dicho diseño, la dio por terminada y en disposición de poder trasladar a tal sepulcro los restos del Sr. Barrantes en el día 9 de septiembre de 1895.

Antes de dicha fecha, el Excmo. Cabildo se ocupó en la manera de trasladar sus venerables restos, y acordó en 26 de agosto de 1895[43],

---

[43] RR-159 1. Folios 33. 26-8-1895. «Nombra una comisión para hacer los epitafios que han de colocarse en el sepulcro de

que una comisión de cuatro señores capitulares, las dos Dignidades y los otros dos Canónigos, cuidasen de preparar lo necesario para dicho acto y tomasen las disposiciones que creyesen convenientes al efecto, manifestando antes al Sr. Gobernador eclesiástico de este Arzobispado, en ausencia del Excmo. e Ilmo. Sr. Arzobispo, que había concedido su licencia para verificar dicha traslación, el acuerdo del Cabildo de invitarle por si quería presenciar el acto.

Cumplió la comisión todo lo que se le había encargado, y estando conforme dicho señor Gobernador eclesiástico con asistir a la traslación, fijó la comisión el día 10 del mencionado mes de septiembre para que se realizase a las doce y media de la mañana, hora en que, a presencia del señor Gobernador, del señor Deán y de muchos señores Capitulares y Beneficiados de esta Santa Iglesia y la comisión arriba indicada, se quitó el tabique que cubría la caja que contenía los restos del Sr. D. Pedro Barrantes y Aldana, se sacó la caja con el mayor cuidado y se la trasladó a la capilla de la Presentación de Nuestra Señora, en la que fue colocada sobre una mesa; y abierta en presencia de los señores arriba indicados, se halló el cadáver del dignísimo y muy respetable Capitular Sr. Barrantes, integro, sin

---

Pedro Barrantes, los cuales se indican. Y para hacer el traslado de los restos de Pedro de Barrantes al nuevo sepulcro, y se invite al gobernador eclesiástico por si quiere asistir. Que la junta decida si se ha de abrir la caja o no al hacer el traslado». Archivo Histórico de la Catedral de Burgos

que apareciese en él descomposición alguna, conservándose revestido de la mortaja, o sea de los ornamentos sacerdotales con que debió de ser sepultado, y en el mismo estado en que se hallaban en 25 de agosto de 1856, cuando fue hallado y reconocido, y como dice el acta capitular de 26 de dicho mes. Para que pueda servir en lo sucesivo, consignaremos aquí algunas circunstancias que no expresa dicha acta en la forma siguiente:

«El cadáver del Sr. Barrantes, cuya cabeza está reclinada sobre el canto de dos ladrillos, se halla algo inclinada hacia el lado derecho, y conserva toda la forma material sin pérdida alguna, a excepción de hallarse seca su carne pero no descompuesta; la oreja izquierda, que es la que mejor se ve, está íntegra, con su forma natural y aplastada contra la piel de la cabeza; esta no tiene cabello alguno que se vea; los ojos llenan sus órbitas, las demás facciones de la cara tienen su forma natural; y como la cabeza estaba tan solo en pequeña parte sobre el canto de los dos ladrillos, es muy de notar que el cuello no se ha partido, sino que conserva corrección y fortaleza suficiente para dar a todo el cadáver el aspecto de un difunto de pocos días.

La fisonomía del cadáver, que tiene mucha expresión, revela que el Sr. Barrantes debió ser en vida hombre de actividad, de energía y de gran piedad, pues parece verse en él la conformidad con que entregó su alma a Dios Nuestro Señor cuando se hallaba trabajando en obras de verdadera caridad; así que no hay en el cadáver nada de repugnante, sino que al contrario, al verlo parece estarse contemplando a un hombre simpático y de grande fe. Las manos del cadáver están íntegras y no han perdido la forma natural; los pies están cubiertos con zapatos muy ordinarios, que tienen suelas muy gruesas, y no han sufrido descomposición alguna; las vestiduras de hilo, o sea el alba, está sin ningún deterioro y blanca. También está en buen estado la casulla, que es de percalina de color azul. Hay dentro de la caja, y al lado derecho del cadáver, **una palma rizada** que no ha sufrido descomposición; sobre el cadáver, en la parte inferior, hay un cáliz y unas vinajeras de hoja de lata, llamando la atención al no estar oxidadas y que conservan el brillo de dicho metal.

Solo se vieron como señales de descomposición de la ropa, pequeñas partículas negras que sin duda eran restos de ropa de paño.

Estuvo abierta la caja como media hora, y no se sacó de ella absolutamente nada, volviéndola a cerrar en presencia del Sr. Gobernador eclesiástico, del señor Deán y demás personas antes referidas, a fin de colocarla inmediatamente en el sepulcro preparado. Se ha construido este sepulcro en la capilla del Santísimo Cristo, delante de la verja primera, entrando, y separa dicha Capilla de la de la Presentación de Nuestra Señora. Al colocar en él la caja que contiene el cadáver del Sr. Barrantes, se introdujo por la espalda del sepulcro, o sea por la capilla de la Presentación, por donde se había dejado el hueco conveniente; y no se hizo por la parte que da a la Capilla del Santísimo Cristo, porque sobre el espacio preparado para encerrar la caja se habían puesto dos varas de hierro que sujetan a la verja dicho sepulcro.

Se anota aquí, para la exactitud de esta relación, que al introducir la caja en el sepulcro, resultó algo estrecho el espacio preparado, por lo cual no fue posible en el acto colocar las piedras que habían de cubrir la caja; y como la hora era avanzada, se retiraron a comer los operarios, quedando entretanto custodiado el cadáver por dos señores Capitulares de la comisión al principio indicada, y por algunos dependientes de esta S. I., no habiendo faltado dos señores de dicha comisión de vigilar la caja ni un momento, hasta que los operarios, después que volvieron a trabajar, colocaron las piedras necesarias y dejaron cubierta y cerrada la caja que contenía los respetables restos del Sr. Barrantes, en el nuevo sepulcro, y dieron por terminada la obra a satisfacción de la comisión capitular. Terminó dicha traslación y obra a las tres y media de la tarde, por lo que los señores de la comisión que la presenciaron volvieron al coro a la hora de cantar Maitines.

Dios Nuestro Señor tenga en su seno al caritativo señor D. Pedro Barrantes Aldana, y si es así, como confiamos, quiera concedernos señales suficientes **para poder incoar la causa de beatificación,** para mayor gloria del mismo Dios, honra de dicho Capitular y honor de este Cabildo Metropolitano».

7. UNA LISTA DE MÉRITOS TERRENALES

Si el proceso para acceder a la Santidad fuera similar al de obtener un puesto de trabajo, con lo que hemos visto hasta ahora podríamos escribir un «currículum» de las actividades de nuestro homenajeado que sirviera para ver su dilatada trayectoria. Podía ser algo así.

D. Pedro Barrantes Aldana. Nació en Alcántara en 1586. En diciembre de 1604 llega a Burgos en calidad de secretario del arzobispo D. Alonso Manrique. En 1607, obtendrá una capellanía, un canonicato y una administración de unos fondos. En 1612 fue nombrado Coadjutor del Culto Canónigo en ausencia de su titular, alejado por motivos de salud de la diócesis de Burgos, D. Juan Dosal. En 1613 se le nombra Visitador de enfermos y administrador del Hospital del Emperador, cargos que desempeñará hasta su muerte por reiterado mandato del Cabildo.

En 1627 accede a la Capellanía mayor de la capilla de la Natividad de la Catedral de Burgos[44][45][46], y desde

---

[44] V-20. Folios 556-559. 3-6-1626. «Nombramiento y presentación de Pedro Barrantes Aldana, canónigo de esta catedral, como capellán mayor de la capilla de la Natividad, hechos por sus patronos Pedro de Sanzoles Santacruz y Francisca Ángela Santacruz, su

el 7 de febrero de 1629 es depositario del sello del Arzobispo y Rector del Seminario durante la sede vacante, cargo para el que fue reelegido en 1638, 1640, 1656 y 1657.

En 1658, al margen de los cargos hasta ahora vistos y que seguía conservando, ostentaba además, los de Rector del Colegio de los Mozos de Coro, Administrador de la Casa y Obra Pía de niños expósitos, Administrador y enfermero del Hospital de San Julián y San Quirce, Juez de deudas y proponedor de Cabildos.

Fue además limosnero del arzobispo Acevedo, Administrador de la herencia de D. Cristóbal Vela, albacea del prelado Fray D. José González, del Deán Quintanadueñas, del Dr. Zuazo y de los capitulares Yerro y Bueno.

En el cabildo catedralicio estuvo cuarenta y seis años como prebendado, cumpliendo puntualmente sus obligaciones.

---

mujer, vacante por muerte de Juan Francisco Meléndez, abad de Cervatos». Archivo Histórico de la Catedral de Burgos.

[45] RR-80. Folios 605v-606. 9-10-1626. «Admite la presentación hecha por Pedro de Sanzoles Santa Cruz, patrón de la capilla de la Natividad, de Pedro Barrantes, canónigo, para que ocupe la capellanía mayor de dicha capilla (02-10-1626) pero atento que hay pleito pendiente sobre el derecho de patronazgo de la capilla, este cabildo se reserva el conceder la provisión, hasta que se decida el legítimo patrón». Archivo Histórico de la Catedral de Burgos.

[46] RR-81. Folios 61v-63. 7-6-1627. «Hace colación y canónica institución de la capellanía mayor de la Natividad, vacante por muerte de Lorenzo Rodríguez de Santa Cruz, a Pedro Barrantes Aldana, canónigo, que jura guardar los estatutos y costumbres de esta iglesia». Archivo Histórico de la Catedral de Burgos.

Fue cofundador del Hospital de San Julián y San Quirce, quizás la obra por la que más será recordado, especialmente por impregnarle de un espíritu quirúrgico del que carecían otros hospitales de la época, y que siguió conservándole hasta bien entrado el siglo XX. Pero también fundará la Casa de Maternidad y un orfanato para niños de ambos sexos. Entre 1629 y 1632, años de hambre y miseria, creará la Diputación de Pobres y la Diputación Magna, integrada por instituciones civiles y religiosas para organizar la caridad, elaborando además un censo de los pobres de Burgos, instituyendo «la limosna obligatoria» entre las clases pudientes.

Si no como arquitecto sí como animador incansable y financiador del mismo en cuantas ocasiones se le presentaron, a él se debe la erección del Seminario conciliar de Burgos, ordenado en su testamento por el arzobispo D. Cristóbal Vela (1580-1599). De igual modo, ayudó con sus rentas al Colegió de Mozos de Coro, siendo su rector durante cuarenta años; proclamándole de nuevo, en 1650, para dicho cargo por la curiosa fórmula: «por todo el tiempo que quisiera».

Falleció el 9 de agosto de 1658. Enterrado de manera provisional, su ubicación acabó perdiéndose en la memoria colectiva, y solo al hacer unas obras de reparación en la capilla de los Remedios de la Catedral, en 1856, fue hallado de nuevo su féretro, encontrándose su cuerpo incorrupto y con las vestiduras sacerdotales intactas, como se volvió a comprobar en 1895 al hacer unas obras de remodelación de la capilla del Cristo de Burgos.

Por todo ello, por la fama de santidad en la que murió, por las obras de caridad y celo apostólico que conocemos a través de las actas del Cabildo de la Catedral de Burgos, tan extensamente analizadas por el Sr. Correal, por su testamento, por el contenido de las oraciones fúnebres pronunciadas en las dos ceremonias religiosas celebradas tras su fallecimiento y por la incorruptibilidad de su cuerpo consignada hasta en dos ocasiones, bien podría considerarse a D. Pedro Barrantes Aldana como candidato para que se iniciase un proceso de reconsideración de su vida y obra, con el fin de verle pronto en los altares, siendo el primer santo que tendría nuestra Catedral, exponiéndolo a la veneración de los fieles con la dignidad que se merece. ¡Qué buena continuación de los actos del octavo centenario de la Catedral!

8. UNA REFLEXIÓN
SOBRE SUS VIRTUDES

Quizás un currículum como el que he elaborado no es suficiente para las estrictas medidas que adopta la Iglesia a la hora de determinar la santidad de un alma. Hay que tener en cuenta, no obstante, que a día de hoy, cuando como en el caso de D. Pedro Barrantes alguien muere con fama de santidad, y no digamos si a los pocos años de su muerte se descubriera su cuerpo incorrupto, rápidamente a través de fervorosos devotos se inicia un proceso de recogida de información a nivel diocesano, basado primordialmente en testimonios directos de familiares, amigos, conocidos e incluso personas que en algún momento pudieron diferir de sus actos o ideas, para conocer mejor el alma de esa persona, buscando algo tan simple y tan difícil para la mayoría de los mortales como la heroicidad de sus virtudes.

Nosotros ya no podemos hacer esto. No hay testigos cercanos. Nuestras fuentes de información son limitadas y solo podemos confiar en el Espíritu Santo para que nos ilumine a la hora de encajar, los datos que tenemos, en las virtudes que nos hablan de la existencia o no de un santo en la Iglesia.

Aunque sea de una manera breve y tratando de revestir de espiritualidad el currículum anterior, como testigos, no de su tiempo, pero si de la historia que hemos heredado, podríamos hacer el esfuerzo de comparecer ante ese hipotético tribunal y con honradez, responder con la información que tenemos a la valoración de sus virtudes.

Empecemos por las virtudes teologales. La fe es la primera de ellas. No hace falta irnos demasiado lejos, sino iniciar la lectura de su testamento, para ver la profesión de fe que hace en el primer párrafo. Él quiere morir en el seno de la Iglesia, quiere creer lo que cree la Iglesia, condenando todas las herejías. El Credo se destila a través de ese testamento con singular belleza de palabras y expresiones. Y con el ejemplo de su vida, no puede haber ninguna duda. Era un hombre de fe, y como buen conocedor de las terribles tentaciones que puede sufrir un hombre de fe profunda advertía, que si alguna vez se desdijese de esa fe, tendría que ser por flaqueza de juicio, pues en sus cabales nunca la abandonaría.

La segunda virtud, que es la esperanza, queda reflejada en el segundo párrafo de su testamento, cuando confía en alcanzar la gloria eterna, pero no por sus virtudes sino por los méritos de la Pasión y Muerte de Jesucristo, por su sangre derramada, agregando los méritos y la intercesión de la Virgen María, siendo consciente de tener que purificar su alma en el Purgatorio, pero con la única finalidad de no perder la gracia y amistad divinas eternamente.

La tercera virtud la podemos desdoblar en dos. El amor a Dios y el amor al prójimo. De nuevo, en el testamento, en el cuarto párrafo, hace una declaración que, dada la importancia del documento, hay que admitir como sincera. Quiere amar a Dios sobre todas las cosas, «como Él manda y merece ser amado», deseando hacerlo con el mismo amor con el que le aman los Ángeles y los Santos en el cielo, recreándose en que todas las criaturas le amen, pesándole de corazón las veces que le habría ofendido, confiándose siempre a su divina voluntad.

En cuanto al amor al prójimo, creo que no es menester, dado lo que llevamos escrito, que insistamos en que esta virtud fue el «leitmotiv» de su vida, pero no en sí misma. No amaba al prójimo por el prójimo mismo sino porque en él veía a Dios. Esta es la virtud de la virtud. Es más, se siente dichoso de que Dios le haya elegido para comer de su mano, para ser curado de su mano. El amor a los pobres se transforma como la gracia más grande que Dios le ha concedido, pues lo que se hace por uno de ellos por Él se hace. Ante las advertencias de los enfermeros del Hospital de San Julián y San Quirce, de que se puede contaminar al curar a tantos enfermos, responderá seguramente con dulzura: «Cuanto más llagados y desesperados más Dios».

Otro grupo de virtudes que podríamos analizar al margen de las virtudes teologales, son las virtudes cardinales. Sobre la Prudencia, se hace muy difícil no creer que esta virtud la poseía nuestro biografiado en grado sumo. En primer lugar, porque ocupó un segundo plano detrás de los arzobispos burgaleses, estando siempre a servicio de los mismos, y cabe sospechar que su influencia debía ser muy sutil, casi desapercibida. Él se estimaba en poca cosa y este espíritu tuvo que mantener esta virtud en un nivel muy alto. En la reuniones del Cabildo no se le ve nunca polemizar y solo cuando se le solicita su criterio lo da. Es más, son sus compañeros los que mirando hacia él, le sitúan muchas veces como el único que puede solucionar este u otro problema, y solo en ese caso, y considerándose el más indigno, aceptaba con obediencia, y quiero creer que con alegría, la misión que le encomendaban.

Por otra parte, y ya en un terreno material, el hecho de ser administrador de rentas que servían para sus obras de caridad, tendría que llevarle a un tacto exquisito a la hora de emplear esos dineros, con el fin de que dieran el mayor fruto, es decir, que llegaran al mayor número de necesitados. Sin descartar alguna gracia especial, como en aquella epidemia de hambre en la que entidades religiosas y políticas de la ciudad y personas adineradas contribuyeron con sus reservas de grano, donde se pudo comprobar que mientras estas se agotaban, las que administraba don Pedro no menguaban. Diligencia o milagro, no lo sé, quizás un poco de las dos cosas, y en cualquier caso una extraordinaria confianza en Dios, que sabía que no abandonaría a sus criaturas cuando más lo necesitaran.

Respecto a la virtud de la Justicia, por los datos que nos han llegado, parece más que razonable que D. Pedro Barrantes rindió siempre a Dios y a los santos un culto fiel. No faltó ningún día a sus deberes de canónigo. Tenía sus propias devociones en los altares de la Catedral que diariamente recorría. Un amor grande por el anciano y ciego confesor de canónigos, Lesmes García, al que esperaba en la Catedral y posteriormente acompañaba hasta su casa. Parece obvio que toda su vida sintió estima por las ceremonias piadosas y por el valor de los sacramentos.

Como sacerdote tuvo que tener siempre una devoción muy grande a la Eucaristía. Es cierto que hay pocos textos y testimonios a los que agarrarnos y, de nuevo, tenemos que echar mano de su testamento, para ver su devoción a la Virgen María a quien reconoce por dos veces en su papel de intercesora. Observamos su confianza en el ángel de la guarda, a quien daba el valor de sus actos por sus inspiraciones continuas, achacando todas las debilidades que había podido tener a lo largo de su vida a no haberlas seguido. Además, de esas devociones visibles, dedicaba cuatro horas diarias a la oración mental en silencio en su cuarto. Si nos ciñéramos a Santos concretos, al margen de esos ocho altares que recorría, no sería muy difícil pensar que sentiría especial devoción por el obispo de Cuenca, San Julián[47] y por San Juan de Sahagún, como vi unas líneas antes.

---

[47] La figura de San Julián tuvo que ser muy importante en la época en la que vivió Pedro Barrantes en nuestra ciudad. Había nacido en Burgos en 1128 y fallecido en Cuenca en 1208. Fue canonizado en Roma en 1594, diez años antes de llegar nuestro protagonista a Burgos. En 1599, hubo una epidemia de peste en Burgos y la iglesia burgalesa pidió a la de Cuenca un retrato de San Julián que fue enviado a nuestra ciudad a través de D. Martín de Porres, corregidor de Cuenca y burgalés. El retrato llegará en septiembre y será sacado en procesión por las calles burgalesas Un día antes de venir el retrato habían muerto 67 personas por culpa de la peste. Y el día de la procesión solo tres. Y al día siguiente ninguno. Después cesó todo el contagio, y a finales de septiembre no había ni rastro de la enfermedad. En el mes de julio de 1600 tomó el ayuntamiento el acuerdo de honrar todos los años la memoria de San Julián. Se acordó nombrarle abogado especial de Burgos y levantar una capilla o ermita en la casa de los Niños de

La tercera virtud, la Fortaleza, la podemos ver, tal y como nos lo cuentan sus contemporáneos, en sus penitencias, al parecer muy rigurosas; sus ayunos; encontrándose después de morir, en uno de los pocos muebles que tenía en su cuarto, cilicios y otros elementos de disciplina empapados de sangre. Tuvo un padecimiento crónico, en sus últimos cuarenta años, de una enfermedad de orina, y sufría particularmente de las manos, que se le llagaban especialmente en invierno. Con todo esto no quiero decir que aquí reside la virtud de la fortaleza, si no en padecer todo eso sin que se notara, con la misma sonrisa apacible para curar a los enfermos y el semblante tranquilo con que atendía a todos y a todas sus ocupaciones. He aquí la Fortaleza: el saber vencerse a si mismo cada día, cada hora.

La última virtud, la Templanza puede ser aplicada desde la anterior. A lo largo de su vida se puede ver el dominio del «yo superior» sobre el «yo inferior» como expresaba San Juan Pablo II en la audiencia del 22 de noviembre de 1978 en la que habló de esta virtud. Todos esos ayunos, mortificaciones y disciplinas servían para buscar ese dominio sobre la tendencia natural de descontrol del cuerpo. D. Pedro Barrantes fue un hombre sobrio y austero, consciente de las debilidades humanas, no queriendo jugar con ellas sino

---

las Doctrinas, frente al convento de Nuestra Señora de la Victoria, muy cerca del Hospital de Barrantes, que aún no se había construido. La ermita, muy concurrida por los burgaleses de la época, fue destruida por los franceses, no quedando ningún vestigio de ella, pues por allí se abrió la entrada al paseo de los Cubos. A partir del 28 de enero de 1601 se empezó a celebrar todos los años la fiesta de San Julián. Tres años después llegaría Barrantes a Burgos y se contagiaría seguramente de la devoción al Santo.

manteniéndolas a raya. De ahí, que sus semejantes solo pudieran apreciar en él su virtud. No se encontraba en él ninguna pega, nada que reprocharle. Él, con su humildad característica, reconoce en su testamento que aun perdonando a los que le hayan ofendido, no sabe quiénes son, pues de todos recibió cariño y si alguien pudo ser ingrato, tendría que echarse las culpas él mismo por no estar a la altura del amor de sus hermanos hacia su persona.

Las virtudes asociadas a los votos religiosos tuvieron, por su parte, un comportamiento brillante. La obediencia a su superiores fue una constante, no solo a los diferentes arzobispos que pasaron por Burgos, a los que sirvió en cuantas cosas le pidieron, sino acatando resoluciones injustas, como aquella vez que tuvo que salirse de la reunión del Cabildo, por considerarle allegado del arzobispo, sobre quien se iban a tratar cuestiones personales, acusándole veladamente (así lo entenderían muchos), de posible «correveidile»; o aquella otra vez que pidiendo que le dejaran descansar en un convento unos días, aceptó el que ni siquiera le dieran la oportunidad de esas vacaciones, porque al parecer era insustituible en sus quehaceres diarios y nadie de los que le prohibieron ese permiso quería asumir un mínimo de su responsabilidad.

Se puede decir que renunció a dos obispados, pero esos nombramientos vinieron del Rey, a quien no había jurado obediencia religiosa y no dejaban de ser más que mandatos, premios, que honestamente, prefirió no aceptar porque tenía un compromiso con sus pobres. Sin embargo, en Burgos asumió todos los cargos para los que fue propuesto, con todas las cargas añadidas, no solo de responsabilidad y tiempo, sino incluso pecuniarias, ya que algunos de estos puestos le supusieron mermas de su patrimonio personal, que como no tenía otro fin que el prójimo no le perturbó lo más mínimo.

El voto de pobreza, lo cumplió dando todo lo que tenía a los demás, no queriendo nada para sí, incluso dando su tiempo, que lo tenía medido, para los más necesitados, pero también para atender a sus compañeros sacerdotes, a las necesidades del Cabildo, de los arzobispos, de la Ciudad. Pese a la dignidad asociada a su cargo, practicó la virtud de la humildad, tan unida a la de pobreza, desprendiéndose de todo lo superfluo y hasta de lo necesario. Su alegría constante, por la que dará las gracias en su testamento, es por ver a Jesús entre los pobres y enfermos que él atendía. Ese era su hábitat cotidiano.

Finalmente la pureza, escapa a nuestro ojo inquisidor por ser algo que entra dentro de una esfera muy íntima, pero cabe decir, que al menos contamos con una anécdota, ya reseñada en el sermón que acompañó su funeral, que refleja mucho cómo se cuidaba de no permitirse el menor despiste en este aspecto, sin que eso le impidiera cumplir con su deber. Y si bien nunca había tocado la piel de una mujer, no duda en dar su mano para levantar a una protectora, que en los fríos suelos burgaleses había resbalado, lo que al parecer le creó un problema de conciencia, al ver rivalizando dos deberes. Todo ello me hace pensar, conociendo la época, que debía de ser D. Pedro Barrantes uno de esos hombres virtuosos que mantenía la mirada baja, especialmente cuando se encontrara delante del elemento femenino.

ADPBU-VS-15842 [Archivo Provincial de la Diputación de Burgos]

También se analiza, cuando se estudia la posible santidad de un católico, si a lo largo de su existencia se han podido ver dones extraordinarios. Seguro que si hubiéramos tenido oportunidad de entrevistar a personas cercanas a Barrantes, hubieran recordado hechos que en vida de este les sorprendieron. Nosotros, realmente, solo podemos reflejar dos. Uno con un testigo infantil, más tarde sacerdote, que le contempló rezando elevado un palmo del suelo. Lo que desde luego, extraordinario es. El otro hace referencia a que parece que él tenía cierta certeza del día en que iba a morir y de cómo iba a ser su agonía, como hemos podido comprobar muy sutilmente.

Puedo que haya otro hecho extraordinario en su vida, y es que cuando se agotaban las existencias de carbón o de granos con que satisfacer a los más pobres por parte de autoridades eclesiásticas y civiles, en las que almacenaba don Pedro siempre seguía habiendo. Quizás había sabido prever mejor que nadie la escasez que se avecinaba, aun que ese estirar los recursos para los más desfavorecidos burgaleses, más parece propio de una persona con una gran confianza en la Providencia del Padre, que de un contable.

Otro hecho a tener en cuenta ha de ser sí realmente durante su vida tuvo fama de santo. Desde luego, la tuvo de bueno, y aquellos enfermos que curaba y aquellos pobres atendidos por él, tuvieron que tomarle por un santo o un ángel venido del cielo a la Tierra. A nivel global, y analizando las oraciones fúnebres que se le van a dedicar a su muerte por parte de los dos oradores, de las que tenemos noticia escrita, sí podemos afirmar que en el sentir general era una apreciación ampliamente mayoritaria, hasta el extremo, que enseguida se le empezó a llamar «venerable Barrantes» sin que oficialmente hubiera recibido ese título por la Iglesia.

Vivió tan cerca de la Cruz que arrastró una penosa enfermedad durante los últimos años de su vida, sin que disminuyera su ritmo de actividad, prácticamente hasta las vísperas de su muerte, en que ordenó todo para bien morir, con una agonía edificante hasta que perdió el habla y, después, abrazado materialmente a la imagen de un Crucifijo con una gran ternura, expiró, dejando si no un perfume captado por olfatos humanos, otro captado por el alma de los testigos de aquella escena.

Sí que es intrigante, y con esto quiero acabar este acercamiento a la figura de D. Pedro Barrantes Aldana, que un silencio sepulcral invada la memoria de este hombre durante dos siglos. Es como si, de repente, se le hubiera tragado la tierra, y quizás hay que pensar que así fue, como la semilla que pretendía ser, que muere enterrada. Porque sus frutos se siguieron apreciando en los siglos venideros a través de la institución, que junto a D. Jerónimo Pardo, él fundó, alentó y la hizo heredera de todos sus bienes, la que todos hemos conocido como la Clínica de Barrantes, y que a lo largo de los siglos tantas vidas ha salvado.

Y además respetando el espíritu de sus fundadores ha vivido momentos verdaderamente heroicos de caridad, como si se quisieran sumar a las virtudes de Barrantes. Por ejemplo, entre 1807 y 1809, el Cabildo de Burgos responderá favorablemente a la licencia que el administrador del Hospital le pedía para atender a casi doscientos soldados franceses heridos, como si se tratara de compatriotas, es decir, llevando el amor al enemigo hasta el extremo, quienes por otra parte no estuvieron a la altura de los cuidados recibidos.[48] [49] [50] [51]

---

[48] RR-120. Folios 474v-475. 30-10-1807. «Lee una carta de oficio del comisario ordenador Bernardo López Mañas, dirigida a Eugenio Gómez Alfaro, administrador del hospital de Barrantes, pidiendo 200 camas para los enfermos de la tropa francesa; manda contestarle que el cabildo ha dado todas las facultades para que se presten a los enfermos los auxilios posibles». Archivo Histórico de la Catedral de Burgos.

[49] RR-125. Folios 476v-477. 6-11-1807. «El administrador del hospital de San Julián denuncia los inconvenientes graves que ocasiona el atender a un número tan alto de soldados franceses enfermos». Archivo Histórico de la Catedral de Burgos.

[50] RR-125. Folios 555-556. 20-4-1808. «Eugenio Gómez Alfaro, administrador del hospital de Barrantes, denuncia ciertos desórdenes en dicho hospital protagonizados por los 500 soldados franceses que están alojados en él; manda comunicarlo a los generales francés y español para que pongan remedio». Archivo Histórico de la Catedral de Burgos.

[51] RR-126. Folios 70-71. 29-5-1809. «Eugenio Gómez Alfaro, administrador del hospital de San Julián, expone que los franceses han tomado a su cargo las existencias del hospital, desde la ropa al dispensario sin que pueda remediarlo». Archivo Histórico de la Catedral de Burgos.

9. REFLEXIÓN FINAL

La semilla muere y da sus frutos. ¿Quizás, no fuera una petición expresa de Barrantes de ofrecer su anonimato para siempre por alguna causa buena, que desconocemos? Algo de eso tiene que haber, porque si no, no se explica cómo la primera vez que se ve su cuerpo incorrupto, no haya una explosión de fervor popular al menos, salvo que no se enteraran. Me gustaría saber si la Catedral tiene algunas propiedades de humedad que conserven incorruptos todos los cuerpos que han encontrado allí descanso y, por lo tanto, no haya en este hecho nada reseñable.

Por otro lado, esta sencilla operación de descubrir un cuerpo que falleció considerado como santo, hoy se haría en condiciones profilácticas o higiénicas excepcionales para preservar su estado. Pero en aquella época estas brillarían por su ausencia. De ahí, que lo más probable es que una vez tomado contacto con el aire se acelerara su estado de descomposición. Pero he aquí, que unas décadas después, se vuelve a exhumar el mismo cuerpo, encontrándolo prácticamente en el mismo estado, volviéndose a repetir los mismos silencios y guardándolo en su féretro como si nada hubiera pasado.

Sí después de su muerte ha realizado gracias o milagros, nada sabemos. Solo hay como una certeza extraña de que no deseaba que se le rindiera ningún honor después de fallecido, porque parece que la memoria colectiva de esta ciudad, desde su desaparición, ha permanecido anestesiada respecto a él. Solo el libro del D. Narciso Correal y los desvelos de D. Eloy García de Quevedo, que se quería unir a la iniciativa del canónigo Calderón de 1708 para emprender la incoación de las gestiones encaminadas al reconocimiento de las virtudes de nuestro biografiado y llegar a su beatificación, han sacado del olvido al que, según D. Eloy, ha sido «el mayor bienhechor de los pobres que jamás en nuestra ciudad haya vivido».

Apunto aquí, que no hace muchas décadas, un sacerdote burgalés (D. Julio Diez y Diez, hermano de D. Buenaventura) director espiritual «sui generis» de una monja de un convento de Talavera de la Reina que había fallecido con fama de santa y de milagrera en vida, intentó poder acercarse a un conocimiento más profundo de esta mujer que, mientras vivió en este mundo, había dicho que no quería ninguna consideración después de muerta. El caso fue que un poco antes de llegar a Talavera, en los diferentes viajes que hizo al convento, hasta que desistió, perdía la vista, la que recuperaba cuando iniciaba el viaje de regreso a Burgos.

Afortunadamente, D. Pedro Barrantes con esa sensibilidad por los enfermos, ha permitido hasta la fecha que esto no ocurra a los que se han querido acercar a su vida. No le ha hecho falta; el silencio y la amnesia siguen ahí.

Desconozco el recorrido que en el futuro tendrán estas páginas escritas con mucho cariño hacia este hombre excepcional, que tanto nos tiene que enseñar hoy en día. Por lo que a mí respecta, me gustaría que aprovechando la cercanía del octavo centenario de la Catedral, este trabajo sirviera para volver a poner sobre el tapete su figura, para que se volviera a abrir una iniciativa de beatificación por quien debe ser la persona competente, para que se descubriera de nuevo su sepulcro, ya que hoy hay técnicas poco invasivas que quizás nos arrojarían alguna luz sin necesidad de destrozar la capilla del Cristo de Burgos; y para tener, por qué no, un santo, quizás el primero y el único de la Catedral, expuesto al fervor popular, que siga colmando de gracias y favores a nuestra ciudad como lo hizo en vida.

EPÍLOGO

Es el momento en el que otros deben coger el testigo que dejo al concluir este pequeño opúsculo. La vida de Pedro Barrantes que he contado es calcada a la vida de tantos santos de la Iglesia, pero nadie inició nunca un proceso de canonización sobre él. ¿Es muy tarde ya?. Yo creo que no.

Bien es cierto que la Iglesia necesita milagros para alcanzar los grados de beato y santo. Y de ahí que yo anime a los burgaleses a incluir al canónigo Barrantes entre sus intermediarios. Sería interesante que cualquiera de los que cogieran el testigo al que me refería antes, redactaran una buena oración con la que comunicarnos con él y pedir su bondadosa intervención en la solución de nuestros pequeños o grandes problemas del día a día, especialmente en los que afectan a nuestra salud o a la de nuestros seres queridos, y en otras muchas facetas de nuestra vida que también nos angustian o nos entristecen.

Se necesita una campaña eclesial para reivindicar su figura y estoy convencido que en Burgos hay mimbres suficientes entre los sacerdotes de la diócesis para ponerse manos a la obra. Qué impulso daría a la vida religiosa de la diócesis el que con fervor trabajemos todos por tener un nuevo santo, imitando sus virtudes, que esto es lo principal, que poco a poco he ido desgranando en esta pequeña obrita, creando espacios que lleven de nuevo su nombre, como a su muerte se bautizaron espontáneamente otros por el pueblo, como la Clínica de Barrantes cuyo nombre era en realidad Hospital de San Julián y San Quirce. Grupos de oración con su apellido, grupos de caridad, asociaciones culturales bautizadas con el mismo. Todo con el ánimo de incrementar el fervor a su figura y de mejorar nuestra práctica piadosa, que continuamente necesita renovarse para no caer en el letargo. Este ya sería un buen milagro que atribuirle.

D. Narciso Correal nos hizo el favor de rescatar del olvido su figura. D. Eloy de Quevedo y Concellón y su búsqueda de libros viejos burgaleses nos ayudó a completar la información que no pudo encontrar D. Narciso. El propio Archivo Catedralicio es otra aportación muy valiosa. Otros autores locales han intentado seguir reivindicando su personalidad posteriormente, y este opúsculo no deja de ser otro eslabón más en esta cadena. El siguiente eslabón debería ser, sin más tardar, el propio Cabildo, al que perteneció D. Pedro Barrantes y en el que tanto se distinguió precisamente por su ingente actividad. Ojalá esta cualidad sea imitada por los canónigos burgaleses y por los sacerdotes de la diócesis y pronto veamos crecer la devoción por el bueno de D. Pedro y llegar a verle en los altares, si Dios quiere.